[スポーツ運動学演習]

動きの感じを描く

森 直幹 著

解説:「なぜ動きを描くのか」金子明友

明和出版

まえがき

　本書は体育・スポーツ指導者をめざす学生やその指導教員に、専門的な指導力向上に役立つ「動きの感じの描きかた」を身につけていただくことをねらいとしています。体育実技の授業やクラブ活動の中で、新しい動きに挑戦したり動きを改良したりするとき、指導者と学習者がそれぞれの動きの感じを伝え合うことはもっとも大切なことです。これがかみ合わなければ効率的な動きの伝承は困難となります。指導者が示範をして見せる、VTR を見せる、言葉で説明するなどさまざまな手段が試されますが、画を媒体として動きの感じを示し確かめ合うことも、効果的な方法といえます。

　私が「動きの感じ」を本格的に描き始めたのは 1964 年東京オリンピックに向けての準備に関わったときです。当時日本体操協会男子技術委員長としてオリンピック体操競技の最高責任者を務めた恩師金子明友先生から、体操競技規定演技の解説図作成の協力を依頼されたことが発端でした。

　まだビデオがない時代で 8 mmフィルムカメラがようやく一般に普及し始めたころですから、さまざまな動きを連続図に描き上げるのは簡単ではありません。下絵を描いては先生にチェックしていただくという繰り返し作業の中で、頭部の描きかた次第でその動きの表現が大きく左右されることに気づかされました。「け上がり」の連続図での、脚が鉄棒に引き寄せられた後の肩角度を狭くしていく動きの中で、先生から「頭はもう少しアゴを引いていないと腕の押さえる力が入らないよ」とアゴが上がっていた顔の向きを赤で修正されたのです。たった一筆の加筆で生き生きとした力動感のある画に変身したことに驚きました。まさに目から鱗が落ちる感じでした。動きを画で表すときには単に何の画かがわかるだけでなく、動きの感じが伝わってくるような画を目指さなければならないのです。

　この動きの描画力は、その後東京女子体育大学に勤務してさまざまな動きを指導する際に大きな力になりました。指導者自らが演じて動きを示すことも重要ですが、動きの特徴を画で示しながらその動きのポイントを解説できることは、学生の理解を促す上で欠かせない要素であるといってよいでしょう。

　本書をまとめるにあたってはスポーツ全般につながるものを心がけたつもりですが、結果は筆者の専門である体操競技の引用が多くなってしまった感は否めません。それぞれの種目に置き換えて理解していただければと思います。

動感画では画の巧拙は関係ありません。巧みな画であっても動きの感じが呈示されていなければ意味がないのです。拙い画でもその中に生き生きと動きの感じが呈示されていれば有効な動感画となります。動き（技）のトレーニングと同じで、よく考えながら繰り返し練習することが上達の秘訣です。描き上げた画を1コマずつ注意深く見直すことによって、より生きた画に変わっていくことでしょう。描き上げた時には気づかなかった箇所でも、時間をおいて後から見直すと驚くほど多くの気になる箇所がでてくることがよくあります。描きっぱなしにせず根気よく見直す習慣をつけることです。

　動きの感じを描く上で本書がいくらかでも参考になり、指導現場で生かされることがあればこの上ない喜びです。

　最後に本書の出版に際して、温かい励ましと多くのご教示をいただき、さらに解説をご寄稿くださった金子明友先生に心から御礼を申し上げます。また、資料収集の便宜を図っていただいた東京女子体育大学の金子一秀先生、厄介な原稿を快く引き受け適切な助言をいただいた明和出版の和田義智社長に深く感謝申し上げます。

2014年11月

森　直幹

[スポーツ運動学演習] 動きの感じを描く・目次

第Ⅰ部　「動きの感じを描く」演習

演習 1	動く感じを自ら感じとることができるか	2
演習 2	動く感じの示しかたにどんな方法があるか	8
演習 3	動く感じをどのように示すことができるか	14
演習 4	運動観察をどのようにおこなうか	20
演習 5	動感画とは何か	26
演習 6	なぜ動く感じを描くのか	32
演習 7	動感画とスティックピクチュアの違い	38
演習 8	学習する前に動く感じを描く	44
演習 9	生徒の動感画を描く	50
演習 10	輪郭画と線画を使い分ける	56
演習 11	動感画の描きかたの基本	62
演習 12	胴体と頭部の描きかた	68
演習 13	四肢の描きかた	74
演習 14	輪郭画と線画の描きかた	80
演習 15	線画と連続画の描きかた	86
■動感画の描画テスト		93

第Ⅱ部　基本的な動きの連続動感画

1.	這う	100	8.	捕る	127
2.	転がる	101	9.	押す― 10. 引く	130
3.	歩く	104	11.	打つ	134
4.	よじ登る	108	12.	突く	145
5.	走る	112	《スキー》		149
6.	跳ぶ	115	《スケート》		153
7.	投げる	122	《水　泳》		159

解説・なぜ動きを描くのか（金子明友） ……165

第Ⅰ部
「動きの感じを描く」演習

演習1　動く感じを自ら感じとることができるか

ねらい

　運動指導の現場では指導者と学習者双方が動く感じをつかむことが必須となります。指導者が想い描く感じを学習者に伝え、学習者がそれを一方的に受け入れるだけでは効果的な動きの伝承は期待できません。学習者がロボットのように指導者の指示に従おうとしても、自らの動く感じを封印していたのでは思うような成果は得にくくなります。また、指導者が動きの感じを示すことなく学習者の自得に任せているのも非効率な練習になってしまいます。学習者は繰り返す練習の中で常に動く感じを意識し、指導者に表示することで次のステップにつなげることができるのです。まずはじめに動きの感じを共有することの重要性について確認しておきたいと思います。

テーマ❶　動きの感じをお互いに理解できる例証を探してみよう

　体育・スポーツ指導者にとって最高の喜びは、苦労の末に新しい動きがようやくできたときに見せる子どもたちの満面の笑顔でしょう。一方、新しい動きに挑み黙々と練習に打ち込む教え子がなかなか成果を得られないときはつらいものです。悩みながら学習している子どもたちに「もう一息だ！」「さあ頑張ろう！」などと声をかけ、励ましているだけでは野次馬の同情に等しく、動きかたを指導していることになりません。指導者は学習者の動きかたを観察し、指導者自身がかつてたどった身体経験を振り返りつつ、学習者の練習状況に合った動きかたを示して動きかたの感じをつかめるように導くことが重要です。新しい動きに向き合う学習者の動きかたや今やろうとしていることを理解しながら、その動きの感じを意識して示すことが指導者に求められます。同時に、学習者も指導者が示す動きの感じを積極的に感じとる努力をしなければなりません。このような関係の中で指導者と学習者が、言葉や身振りあるいはさまざまな媒体を通して動きかたの感じを確認し合うことは、新しい動きを発生させる上で欠かせない大切なことです。しかし、自分が獲得した動きかたの感じやコツを他の人にそのまま伝えることは至難のわざです。自分ではわかっていても、その動きかたの感じを経験していない相手にどうすれば伝えることができるのでしょうか。

　ではここで、日常生活のなかで経験した「動きの感じをお互いに理解できる例証」を実際に描いてみましょう。

　いきなり画を描くことにとまどいを覚える人が多いと思いますが、おかしな画でもとにかく描くことが第一歩です。

[描画課題１] 歩く姿を下の①〜④から一つ選び１コマで描きなさい。

①強い向かい風に向かって歩く
②強い追い風を受けて歩く
③重い荷物を前に抱えて歩く
④その他（自由に選んで）
※輪郭をつけず単線で歩きかたの感じが表れるように描きなさい。

描けたら一人ずつ何の画を描いたのか、どこに注意を払って描いたかを述べて画を発表し合いましょう。

発表された画について一人ひとりが感想（う

（描き直し）

走る動きの中にもさまざまな走りかたがあります。代表的な走りかたとしてスプリント走とジョギング走の連続図を検討材料として示しておきます。

スプリント走

ジョギング走

この２つの走りかたにどのような違いがあるかよく観てみましょう。腕の振りかた、腿の引き上げや下腿の動きかた、上体のローテーション等をじっくり観察すると、それぞれの走りかたの特徴がはっきりと浮かび上がってきます。さらに、自分や他人が走る姿に重ね合わせてみると動きのよいところや改良すべきところに気づくと思います。

演習１　動く感じを自ら感じとることができるか

まく歩く感じの描けているところはどこか、感じが出ていないところはどこか、どのように修正すればより歩く感じがでてくるか）を述べて討論してください。

　一通りの討論が終わったら、改めて自分の選んだテーマの画を描き直し、はじめに描いた画と比較してみましょう。歩く感じの表現は確実によくなっていることでしょう。演習1の終わりに描画課題1の回答例を載せておきますので参考にしてください。

　動きの感じをすらすらと画に描くことができる人は多くないと思います。日常的にその必要性が少ないからでしょう。動きの感じを画に描くことに慣れるために毎時の演習の中に［描画課題］を用意しますので積極的に挑戦してください。

　　学校体育やクラブ活動の中ではさまざまな運動経験をつんできましたが、スポーツ種目には、見たことはあっても一度も経験したことのないものもたくさんあるはずです。そのような未経験の運動の動きを見たときに、力の入れ方やタイミング、動きの伝えかたなどを自分がおこなっているような感覚で動きを感じとったり動きの違いを見つけ出すことができますか？

テーマ❷　学習者の自得を待つ例証を探してみよう

　次に、動きの感じのさまざまな呈示方法に触れておきたいと思います。スポーツ運動における技や技術の伝承では、まず学習者にその動きかたの全体像を示して、動きかたの感じを把握できるようにするのが一般的な方法です。そして学習者のレベルに応じていくつもの練習段階をつみ重ね、目標の動きへと導いていくやりかたです。

　一方、わが国では古くからその動きかたのコツを細かく説明したり練習の段階を示したりせず、示範や一流選手の動きをひたすら観察し、自分でその動きかたの感じやコツをつかむやりかたを良しとする考え方があります。すなわち手取り足取りのていねいな指導よりも、学習者が自分で動きかたを感じとり、自得することが大切だという考え方です。

　しかし、この方法には学習者の試行錯誤がつきものとなります。地道な努力の中から動きかたのコツを探り当て自分のものにするまでには、膨大な時間と労力を費やさなければなりません。学習者はコツをつかむために、「どのように動こうとしたか」「どのように動いたか」「イメージした動きかたと実際の動きかたにどのようなズレがあったか」など、常に動きかたの感じを意識にのせて学習に反省を重ねていくことになります。このような苦労の末にやっとものにした技は、多くの失敗や上手くできるためのコツに支えられて、幅の広い安定感のある動きとしてしっかり身につく利点があります。さらに、そこには独自の工夫によって従来になかった技法を生み出す可能性もあります。

　しかしながら、このように動きの感じを間接的に呈示する方法では自得するまでにあまりに長い時間を要することになり、情報化の進んだ現代においては、苦労の末やっと身につけたときには、技の世界の流れがすでに変わっていることさえあります。学校体育において目標課題を達成させる場合にも、限られた学習時間内にその動きかたを習得しなければならないという点で同様のことが言えます。

　では「学習者の自得を待つ例証」を探しお互いに発表してみましょう。スポーツに限らず成長過程や日常的な行動の中から探しても構いません。

まとめ

　より短い時間で安定したよい動きを身につけさせるためには「自得」すなわち「模倣伝承」に任せるのではなく、その動きかたについて熟知したベテラン指導者が動きかたの感じを示すことが必要不可欠です。そこでは良い動きを示すだけでなく、欠点のある動きも示し、動きの感じの良否がはっきりわかるように呈示できる必要があります。

　学習者の自得に任せる指導法は教師不要論につながりかねません。

テレビなどでよく見慣れた運動でも、手ほどきを受けずにいきなり練習に取り組まなければならないときのことを想像してみてください。怪我をせずに効率的に身につけるためにはどんな予備練習や段階練習が必要か、ビデオや実際の動きを繰り返し観ながら思い悩むことになります。指導者や練習仲間の助言を受けられればどんなに救われることでしょう。

ザリポワ選手（ロシア）3000m障害のハードリング＝ロンドン五輪優勝＝

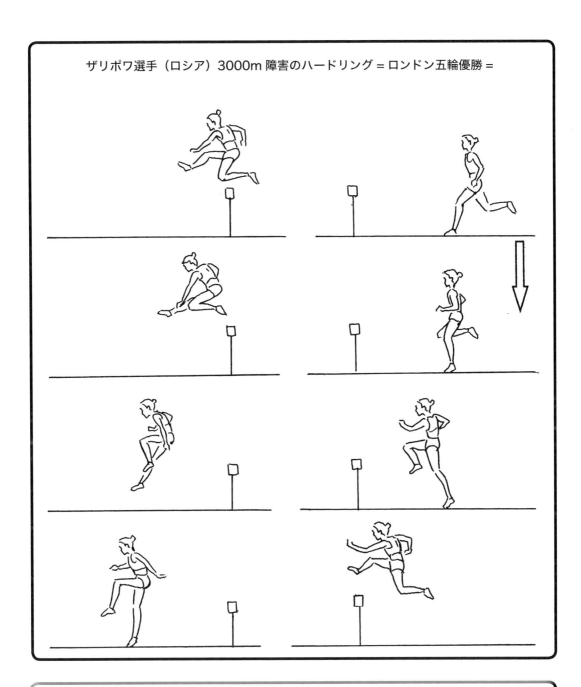

[描画課題1]の回答例

　　①強い向かい風に向かって歩く　　②強い追い風を受けて歩く　　③重い荷物を前に抱えて歩く

演習1　動く感じを自ら感じとることができるか

演習2　動きの感じの示しかたにどんな方法があるか

ねらい

　指導者が学習者に動きの感じを示す方法としては、実際に対面して言葉がけや示範によって動きの感じを直接的に示す方法（実的呈示）と映像や図などによって動きの感じを示す方法（媒体呈示）があります。さまざまな呈示方法について確認しておきましょう。理解不足のときは運動学の講義録を読み直してください。

テーマ❶　動きの感じを直接的に示す方法の例証を挙げよう

　実的呈示の方法には、さらに「対話」による方法と示範にもとづく「模倣」による方法があります。対話による方法は文字通り動きの感じを言葉で伝えたり、身振りや比喩的な表現などを駆使して伝えようとするものです。それは単に励ましの言葉がけや練習回数の指示、あるいは筋力トレーニングなどの指示を意味するものではありません。また、ここでの動きの感じの呈示はたとえそれが動きの感じを示そうとするものであっても指導者サイドの一方的な呈示であっては意味をなしません。指導者は学習者のその場における技術到達の程度や精神状態、疲労度も含めたあらゆる情況を把握した上で、学習者の動く感じの意識を探り、今どのようなアドバイスが適切なのかを判断しながら示していく必要があります。

　これまでの経験の中から「直接的な動きの感じの呈示」について例証を挙げて発表し合いましょう。

テーマ❷　巧みな模倣呈示の例証を挙げよう

　一方、模倣による呈示では学習者の動きや学習者の目当てとなる動きかたを模倣的に実際に演じて動きの感じを示します。ここでおこなう示範は目標となる完成された動きだけでなく、学習者の折々に現れる欠点をわかるように再現して見せたり、次のステップとしての目当てになる動きかたを示せることが大切です。ときには、スローモーションやストップモーションで動きかたを演じてみせることも有効な方法となります。ゆっくりした動きや止まった体勢の中でその動きかたのコツや欠点を解説することで、学習者の動きの感じを呼び覚まし、動きの修正にも役立つことが期待できます。

　授業やクラブ活動における身近な体験の中から「巧みな模倣呈示の例証」を挙げ発表してください。

ボールを投げる動作は成長とともに発達していきます。いくつかの投球動作を連続図で示しておきます。上段の画ではボールを持った腕の動きが小さく、投げる手と踏み出す足が同側になっている点に注目しましょう。中段の画では、腕の後ろへの引き込みや逆脚での踏み出しが明確に示されています。さらに下段の画では、腕の準備動作がより大きな動きを示しています。

宮丸凱史教授「幼児のボール投げ発達過程」の研究資料を参考に作成

　複雑な動きを言葉で説明するのは大変むずかしいことです。手や脚の動きは同時進行していますから、手と脚の動かしかたの関係や微妙なタイミングの違いを完全に示すことは簡単ではありません。さらに、胴体のねじれや頭の動きも加わってくるとお手上げです。

　動いてみせる、ビデオを撮ってみせる、画を描くなどの手段により視覚を通して動きかたを示すのが効果的です。

演習2　動きの感じの示しかたにどんな方法があるか

　スケートの滑走姿勢も、フィギュアスケートとスピードスケート、さらにアイスホッケーとではまったく異なります。上体を美しく安定させて滑ったり空気抵抗を少なくするために上体を低く水平に保ったり、いつでも方向転換ができるように両足を開いて低い姿勢を保ったりさまざまです。これらの滑りかたも視覚を通して示すのが効果的です。

フィギュアスケートの滑走姿勢

スピードスケートの滑走姿勢

アイスホッケーの滑走姿勢

> **まとめ**

「君の今の動きはこうなっているよ」というように、実際には「模倣」と「対話」を同時におこなうことで学習者の理解を効果的に助けることができます。指導者は学習者の変化する動きを絶えず観察する中で、その動きの感じを再現してみせる力が要求されます。そのためには、指導者は自らの動く感じを表現する能力を絶えず訓練しておくことが必要です。

最近では体育教材やスポーツ技術解説用のVTRが数多く市販されています。これら出来合いのVTRは、はたして指導者の直接的な示範に代わるものとして有効なのでしょうか。たしかにそれは完成された一流選手の動きや技術を呈示してはくれますが、学習者の動きの感じにピンと響かないことがあります。レベルが違いすぎてどのように手をつけていけばよいのか、練習の糸口あるいは自分の動く感じとの接点がつかめないからです。既成の資料をいくら見たところで、1回ごとに変化する学習者の動きの感じに対する有効な働きかけとして全面的に期待することはできません。たとえ数多くの事例が用意されていたとしても、実際に今ここで動いている学習者の動きの感じにピタッと当てはまることは、まずないと考えておくべきでしょう。やはり指導者が学習者のその時々の動きかたに接する中で、それに共感できる多くの経験を持っていることが不可欠であり、学習者に寄り添って動きの感じを示すことができる能力を身につけておかなければなりません。そこでは指導者自身の多くの経

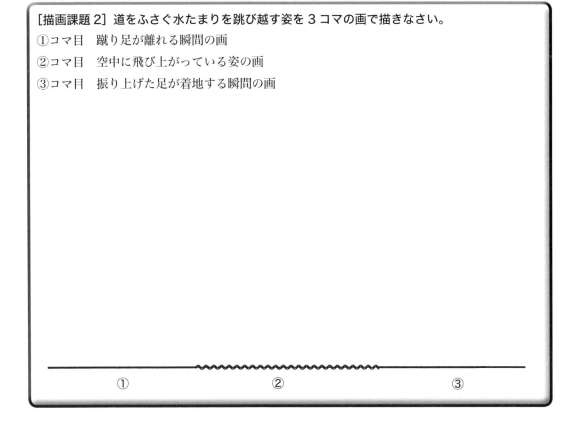

[描画課題2] 道をふさぐ水たまりを跳び越す姿を3コマの画で描きなさい。
①コマ目　蹴り足が離れる瞬間の画
②コマ目　空中に飛び上がっている姿の画
③コマ目　振り上げた足が着地する瞬間の画

験財が支えとなりますので、動ける限り多くの動きに挑戦し動きの感じの財産を蓄えておく必要があります。

　しかしながら、若いときには苦もなくできていた運動であっても、年齢・体力的な問題あるいは力量的な問題がそこに立ちはだかり、有効適切な示範を常に臨機に示すことが困難となる事態がでてきます。若いころの生き生きした動く感じは歳とともに薄れて枯渇してしまうこともあるでしょう。それに加えて、指導者自身が未経験の動きに対してはその動きの感じをどのように示したらよいのかという大きな壁にぶつかることもしばしばです。残念なことですが示範による動きの感じの呈示能力には限界があります。

　上手く描けないからと描き渋っていたのでは始まりません。動く感じを描くときは、画の巧拙よりも動きの感じが表現されているかどうかが優先します。たとえマッチ棒をつなげたような画であっても、その中に動く感じが表されていれば合格です。さあ、思い切って描画課題に挑戦しましょう。

プライス選手(ジャマイカ) 100m走のフィニッシュ ＝ロンドン五輪優勝＝

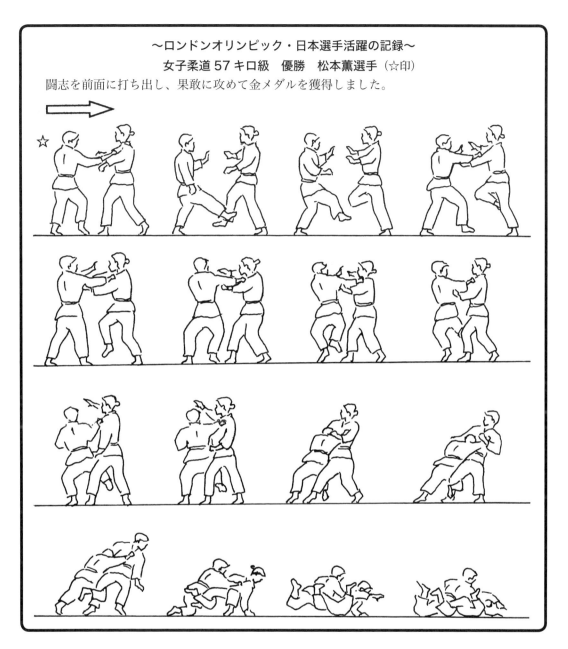

～ロンドンオリンピック・日本選手活躍の記録～
女子柔道57キロ級　優勝　松本薫選手（☆印）
闘志を前面に打ち出し、果敢に攻めて金メダルを獲得しました。

[描画課題2] の回答例

① ② ③

演習2　動きの感じの示しかたにどんな方法があるか

演習3　動きの感じをどのように示すことができるか

ねらい

演習2で動きの感じを直接的に示す方法を取り上げ、その効用と問題点について学びました。演習3では、映像や図などの媒体を通して動きの感じを示す方法について考えていくことにします。この媒体呈示による方法でも、やり方によっては何の効果も引き出せないことがあるので、有効な方法はどんなものかを考え、指導現場で生かせるようにしたいものです。

テーマ❶　媒体を通して運動を理解できる例証を挙げてみよう

対話や示範による直接的な動きの感じの示しかたを補うものとしてVTR、写真、画、モデル人形などの媒体を通して視覚的に動きの感じを示す方法があります。今日ではエレクトロニクスの急速な発達により、指導現場でいまおこなった動きが映像記録媒体装置の活用によってリアルタイムで再現され確かめられるようになっています。また、同じ人の1回ごとの動きかたの違いや一流選手との動きかたの違いなどを対比させて詳しく観察することもできます。VTR映像の利点は、なんといっても収集された映像を何回でも繰り返して見直せることや、素早い動き、あるいは球技などでの広域にわたる選手間の連携的な動きをスローモーションをかけたり、肝心な局面の動きを止めてじっくり確認することができる点です。学習者が自分の動いた感じの思い違いをVTRで確認し、動きかたを修正していくときなどにも活用されます。各種の球技や武道（格技）では、相手との複雑な動きや駆け引きの中で、相手の動きにどのように反応し、あるいはアクションを起こしているのかは相当に観る目をもっていないと見逃してしまうことが多いものです。VTRによるサッカーや相撲のテレビ解説は動きの駆け引きやタイミングの妙を視聴者にわかりやすく示してくれます。

ではここで、自分の身近にある「媒体を通して運動を理解できる」例証を挙げてお互いに発表してください。

テーマ❷　高速撮影すれば動きかたのコツはつかめるのだろうか

このような媒体呈示の利点は練習活動の中でも大いに活用が期待されるものですが、「VTRをしっかり観察して理解しなさい」と学習者に動きの観察を丸投げしたのでは「動きの感じを呈示する」という大切な指導内容は危ういものになってしまいます。

水面上を足と尾で走るバシリスクの動きやカメレオンが舌を伸ばして瞬時に昆虫を捕らえる動きは肉眼では確認できないほどの早業ですが、ハイスピードカメラの映像はこのような動きを鮮明に可視的な速さで再現して見せてくれます。しかし、これに倣って人間の動きも

高速度撮影すればより詳細に動きかたを分析できるものでしょうか。不思議なことに、1秒あたりのコマ数を上げて撮影したスローモーション映像からはわが身にありありと感じとれる動きの感じを引き出すことはできません。それぞれの動きの持つ動きの流れを蝸牛の歩みのようなスローな動きに置き換えていくら眺めたところで、生き生きとした動きの感じは浮かび出てくるはずがありません。このことはVTRに限ったことではありません。動きの連続写真の枚数を増やして、次の局面への動きの変化がほとんど確認できないほど多くのコマを並べた連続写真を目にすることがありますが、そこからは動く感じが遮断されて動きの感じは消えてしまいます。そのような例証を自分の身体経験のもとでさらに挙げてみてください。

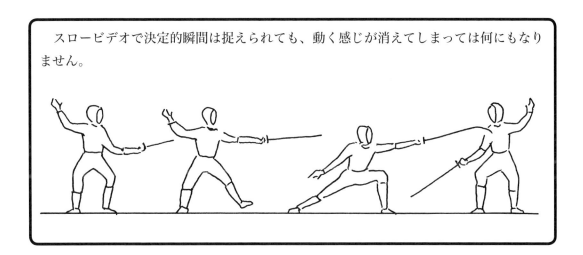

スロービデオで決定的瞬間は捉えられても、動く感じが消えてしまっては何にもなりません。

テーマ❸　動きの感じを写生するとは何だろうか

並べられた多くの連続写真よりもたった一枚の一瞬を切り取った画や写真のほうが生き生きと動きの感じをつかませてくれることがよくあります。ホドラー（スイス）による「木を伐る人」の名画はこのことを表す例としてよく知られています。動かない1枚の画であるにもかかわらず、斧をゆったりと振り上げまさに振り下ろそうとする木樵の身体からは斧の重ささえ感じられ、この後に力強く振り下ろされた斧の先から飛び散る木屑の様子まで感じとることができます。これはどういうことなのでしょうか。私たちの日常生活の中でそのような動きかたを体験したり、類似体験したことが、その画の動きを生き生きとしたものに感じさせてくれるのです。振り上げ

ホドラー「木を伐る人」の模写

たその斧の位置は、それより前でも後ろでもなく、まさに最適の位置を見抜いて描いた眼力に感じ入るしかありません。指導現場での動きの写生による動きの感じの呈示方法が重要な役割を担う可能性がみえてきます。

テーマ❹　動きの感じのスケッチを実習してみよう

　学習者の動きかたをその場で写生し呈示することができれば、動きかたの問題箇所の指摘やねらいを気づかせるのに大いに役立つことでしょう。これは一流選手の素晴らしい動きをVTRで見せるのとは違った、その場での学習者の動きの感じを探り、意識させる上で効果が期待できる方法といえます。ここでも指導者の一方的な呈示ではなく、学習者の今ここでの練習に対応したものであることが大切です。学習者のレディネスや技能レベルを無視したものであっては、かえって学習者の混乱を招き、逆効果になってしまうことさえあります。

　指導者は、学習者が自分の動きを反省できる能力が備わっているかどうかを確かめながら進めることが大切で、同時に学習者の動く感じを観察する能力を引き上げていく努力も必要になってきます。指導者はその時々の練習活動の中に動きの感じのメロディーを感じとれる学習者を育てることが重要で、動きの感じの呈示が一方通行に終わってしまわないようにしなければなりません。

　スケッチの実習にあたって重要なことは、生きた動きを描いて示せることです。いくら上手に描けた画でもその動きが死んでいたのでは何の役にもたちません。

　下に挙げた2つの画は動きの死んだ画です。

　左の〈図1〉は、なみなみと水の入ったコップをお盆に載せて水がこぼれないように運ぶ少女の姿を表そうとして描いた画です。

　次の〈図2〉は、動きたがらない犬の首輪を引き綱でむりやり引っ張っている様を表そうとした画です。

　これらの画はどこがその動きの感じを消しているのでしょうか。

　〈図1〉は前を見たまま良い姿勢を保ち、足の運びも元気よくおこなわれていますが、この絵の動きではコップの水がはね出しておそらくお盆の上は水浸しになっているに違いありません。

〈図1〉

　〈図2〉は、身体を反らせて力一杯引っ張っている様子を描こうとしていますが、重心が上がり、顔も上を向いているので犬の動きがまったく見えない状態です。犬が急に前へ動き出したら対応できずに尻餅をつくことになりそうです。また肘を曲げているので体重を利用できず無駄

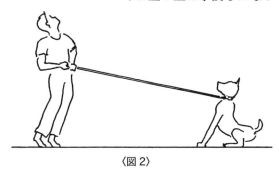
〈図2〉

な動きになっています。それでは、これらの誤りのある画をどのように修正すれば動きの感じが表せるかを考えてみましょう。

[描画課題3] 前に取り上げた2つの動きの死んだ画、生きた動きの画に描き直しなさい。

〈図1〉（水を運ぶ少女の画）

〈図2〉（犬をひく少年の画）

回答例は演習3の終わりに示してあるので参考にしてください。

まとめ

　動作を言葉で解説しようとするとき、こまごまと多くを語ってしまうと何がその動作の中心なのかがぼやけて動きのポイントがつかみにくくなることがあります。それと同様に、数多く並べられた連続写真やスローモーションの映像から生き生きとした動きの流れを感じとることは難しくなります。動きの感じを描くときには、その動きの中でどこがもっとも大切な局面なのかを見抜いて切り出せるしっかりした観察力が必要であると同時に、動きの良否を見分けることのできる眼をもっていなければなりません。

~ロンドンオリンピック・日本選手活躍の記録~
女子サッカー　2位　福元美穂選手（☆印）

フランスFWの強烈なシュートを素早い反応で好セーブ。

[描画課題3]の回答例
〈図1〉(水を運ぶ少女の画)

〈図2〉(犬をひく少年の画))

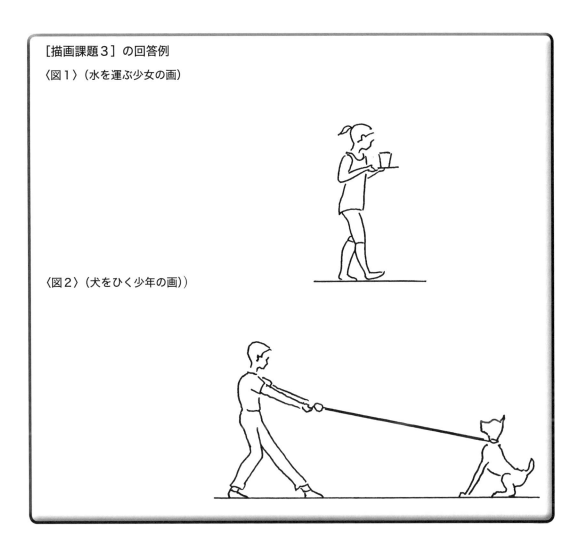

〈図1〉に対しては、なみなみと入った水がこぼれないようにコップを見すえて足で探るようにゆっくりと運んでいる様子が描ければ合格です。

〈図2〉については、犬の動きを観察しながら腰を落とし後ろ足に体重を掛けて、腕を伸ばしたまま背中で引っ張るように描けば動く感じが表出できます。

このように、生き生きとした動きの描写に注意を払いながら身近にあるさまざまな動きの画を描いてみましょう。

演習4　運動観察をどのようにおこなうか

ねらい

　学習者に動きの感じを呈示するためには学習者の動きをしっかり観察することから始めなければなりません。ここで運動観察の仕方について触れておきたいと思います。

　運動の観察は、その動きを見るのにもっともよい場所・方向から観ることが大前提です。同じ運動を見ているのに見る場所によって見え方が違ってしまうのはよくあることです。たとえば、陸上競技・やり投げの動作を見ているとしましょう。斜め前から見るとやりの放たれる角度は実際より高く向いているように見え、斜め後ろからでは実際より低く見えるものです。もちろん熟練したコーチや審判員の目からすれば、どの場所から見てもその動き（体勢）を正しく見抜くことができるのですが、慣れない人には前や後ろの位置から正しくその運動を見極めるのは難しいことです。観察する人の立ち位置の重要性を理解しましょう。

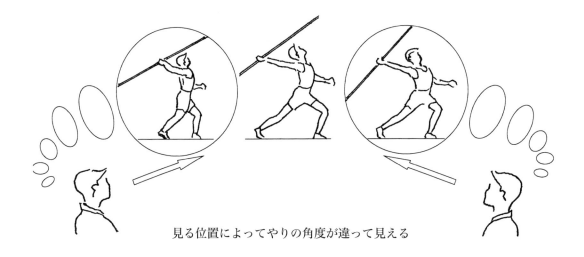

見る位置によってやりの角度が違って見える

テーマ❶　動きを横方向から観察する

　体操競技（器械運動）・トランポリン・飛び込みなどでは左右の手足が対称的に動く動作が中心ですから、横の方向から見ると各関節の曲げ伸ばしの程度や胸の含み方、反らせ加減なども正確に観察できます。ただし、真横から見た場合には左右の手や足が重なって手前側の手足だけしか見えないことになりますから、左右の手足が見えるように少し角度をつけて斜め方向から見ると立体的に動きを見ることができます。このように斜めから見た動きでも、画に描く場合は真横から見たような単純な体勢として描いたほうが能率的で、動きの感じを呈示する上でも問題はありません。

テーマ❷　動きを斜め方向や二方向から観察する

　陸上競技や球技の場合は体重の移動を伴う動きが多いので、ほぼ横の方向から運動を見ることが一般的です。しかし身体のねじれを伴ったり左右の手足が逆方向に動く動作が多いため、真横や正面からだけでは動きが捉えにくいというケースも多くなります。このような場合にはその中間の斜め方向から観察することで動きの感じを捉えることができますが、側面と正面の2方向から動きを観察すると、動きの方向性だけでなく軸のぶれ具合もわかり、動きかたの理解を深めるのに役立ちます。

テーマ❸　レフェリーはどのように動きを観察しているか

　相撲の行司、レスリングやボクシングのレフェリー、サッカーやバスケットボールの審判員は決して一箇所に留まって試合の成り行きを見ていることはありません。刻々と変化する選手の動きに合わせて、その動きの本質がもっとも見やすい場所に移動しながらジャッジしている姿は、運動観察の仕方に大きな示唆を与えてくれます。審判員は決定的な瞬間を見逃さないように、常に動いています。しかしながら、プロフェッショナルの世界でも誤審がないわけではありません。相撲の行司差し違いやサッカーのファウルの見落とし、偽装行為にまんまと引っかかってファウルを宣告するなどは、見る角度で生ずることが多いようです。身近にあった見誤りの例を挙げ発表し合ってください。見誤りの原因を知ることによって動きを観察する力は高められることでしょう。

テーマ❹　動きの観察点を挙げて動きを観察しよう

　運動にはそれぞれ実施上のポイントがあります。それは運動の観察点にもつながります。一つの運動を取り上げ、その運動の実施上のポイントになる局面を的確に押さえて、いくつかの連続図に描いてみましょう。出来上がった画にはさまざまな出来映えのものが含まれていることでしょう。次にその画の中に何を描こうとしたのかを発表し合ってください。続いてそれぞれの画について互いに批評討論をします。動きかたの感じが素晴らしく描けている

ところ、動きかたにずれがでるなど不具合なところ、どう直せばよい動きになるかなどを十分に話し合うことによって、運動観察力を高めることにつながるはずです。

運動を選びにくいときは例題を3つほど挙げておきますので、連続図と技術的な観察点も含めて参考にしてください。

技術的な観察点　例1 《サッカー・インサイドキック》

①蹴る目標をしっかり意識して動き出しているか。
②軸足がボールの真横に踏み込めるように蹴り足をよい位置で踏み出しているか。
③軸足の膝を軽く曲げてボールの真横に踏み込んでいるか。
　軸足の爪先は目標に正しく向けられているか。
④蹴り足は股関節で90度捻り、踵が横向きになっているか。
　蹴り足は爪先を少し上げて足内側の広い面でボールを捉えているか。
⑤蹴り足の内側側面を目標に向けて押し出しているか。

技術的な観察点　例2 《低鉄棒・踏み切りさか上がり》

①両手は肩幅よりやや広めにし正しく順手に握っているか。
②振り上げ足を、前振りに備えて勢いよく後方に振り上げ、足の動きに合わせて肩を前にしっかり振り込んでいるか。
③肩の後ろへの戻しと同時に肘を軽く曲げたまま、振り上げ足を前上方に振り上げているか。
　振り上げ足の勢いがあるうちに上方に力強く踏み切っているか。
④回転の勢いを利用して腋をしめ、腰を曲げたまま棒に近寄せているか。
⑤肘を曲げて腰を棒の上にスムーズに乗せているか。
⑥背中を丸くしたまま棒上に腹部で支え、足を棒の高さより下に押さえているか。
⑦腰を伸ばし上体を起こしながら手首を返して支持体勢をとっているか。

技術的な観察点　例3《バレーボール・スパイク》

①トスの高さ・方向にタイミングを合わせて助走をスタートしているか。
②踏み込むとき手を後ろに振り上げジャンプの準備をしているか。
③助走に流されないように膝を曲げ身体を沈めているか。
④腕を大きく振り上げ真上に高くジャンプしているか。
⑤空中で膝を曲げ身体の反りを十分に引き出しているか。
　打つほうの腕は肘が肩より下がらないように高く引いているか。
　打たないほうの手を前に出し胸を張って打つ勢いをためているか。
⑥身体の反りを戻しながらボールを力強く叩く体勢をとっているか。
⑦肩より前でボールの中心を捉え鋭く叩いているか。
⑧身体の緊張を解いてバランスよく着地に向かっているか。

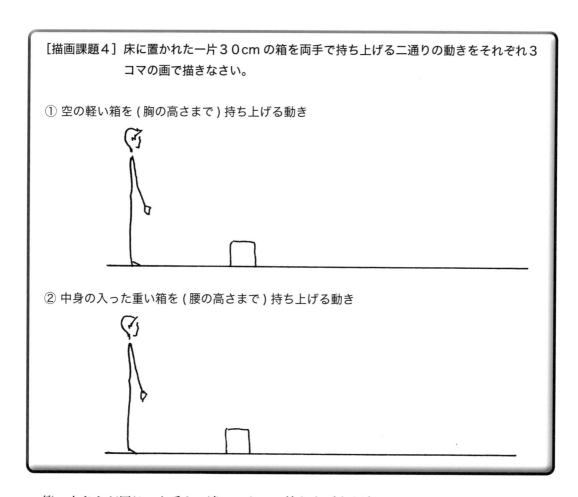

箱の大きさが同じでも重さの違いによって持ち上げ方も違ってきます。足の構え、体重のかけ方、腕の使い方など、どうなっているでしょうか。パントマイマーならどんな動きの表し方をするだろうかと想像しながら動きを表す描画に挑戦してください。

> まとめ

運動観察では、その運動が身体のどの部分から始まり、動きがどのように伝わっておこなわれたかなどを吟味しながら観察することが重要です。身体を支えている手や足がどのように機能しているか、体重移動がどのように運動実施にかかわっているか、肩・肘・手・腰・膝・足の各関節がどのような動きかたをしているのか、胴体の反り・曲げ・ねじりはどうなっているか、頭の動き（目線）はどうかといった動きの本質を捉えて観ることが大切です。理想的な動きかたや卓越した選手のフォームなどとの比較をしながら観察すると、目の前でおこなわれたその動きの特徴がより鮮明に浮き上がってきます。

動きの中で、とりわけ頭の動かしかたや目線は非常に重要な役割を担っているので頭部がどうなっているかをしっかり観察します。このようにして注意深く観察した動きの感じを画で示すことができればより的確な指導につながることでしょう。

[谷本歩実選手（☆印）＝北京オリンピック63キロ級優勝]

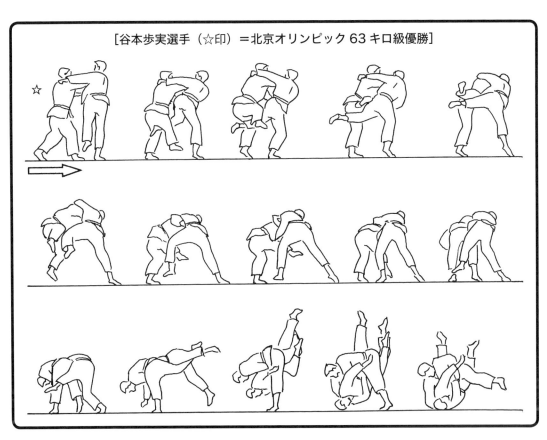

[描画課題4]の回答例

① 空の軽い箱を(胸の高さまで)持ち上げる動き

② 中身の入った重い箱を(腰の高さまで)持ち上げる動き

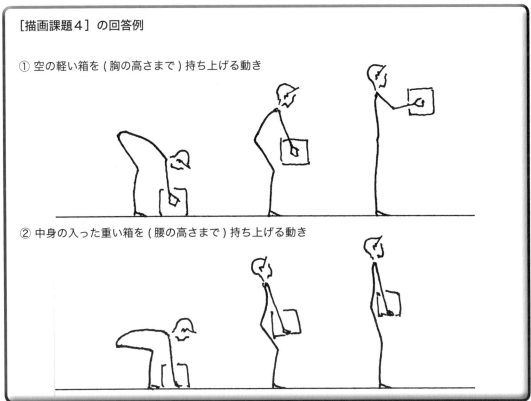

演習4　運動観察をどのようにおこなうか

動感画とは何か

> **ねらい**

　身体の動きを描き表す様式には運動をそのまま描写した運動画（キネグラム）と運動を観察して動きの感じを意識的に描写した動感画（キネステーシオグラム）の二通りがあります。まずはじめに、これらの違いをしっかり理解しておきましょう。

> **テーマ①**　精密な画と感覚的な画の違い

　運動画はその動きがどのようにおこなわれたかを表すもので、科学的な分析によく用いられます。実際の身体の動きを物体としての身体の動きとして機械的にありのままに記録するものです。連続撮影した写真をそのまま並べたものと考えればわかりやすいかもしれません。並べた写真の各コマとコマの移動時間はすべて等間隔で刻まれるので、ゆっくりした動きの部分ではコマとコマの間の動きの変化がほとんどないように見え、逆に素早い動きでは1コマの移動で動きが大きく変化することになります。大きくとんでしまったその間の局面を見たいと思っても、空白を残したまま次の局面へ機械的に進んでしまうのはどうすることもできません。一見その動きを正確に再現しているかのように見えますが、動きの感じは伝わってきません。バイオメカニクスにおける分析的研究でよく見受けられるスティックピクチュアはこの代表的な描画法となっています。

　もう一方の動感画は人が動く感じ、すなわち動感を示すように描かれた画ですから、動きの感じを感覚的に捉えやすく描き表すことが使命となります。時間に関係なく動きの変化を追って主要な局面をピックアップして描くので、動きの感じを生き生きと表現することができます。したがって、コマとコマ間の移動時間は等間隔ではなく不規則なものになりますから、動きの速さや移動距離をもとに定量分析を進めるバイオメカニクスの分野からすると理解しにくいかもしれませんが、動きの感じを追求してトレーニングに明け暮れる選手にとっては、むしろこの動感画のほうがより効果的に動きかたの感じやコツをつかむことができることになります。

> **テーマ②**　似顔絵と顔写真の違い

　スポーツ写真の中にも、静止している1枚の写真にすぎないのに、臨場感のある生き生きした動きの感じが伝わってくるものがあります。また、長谷川町子作「サザエさん」の漫画には随所に生き生きした人の動きが描写されています。このように、動いている姿の中に意識的にその動く感じを込めて描き上げたものはすべて動感画ということができます。著名人

長谷川町子「サザエさん」(朝日新聞社)から抽出し線画に描き直した画

や力士の似顔絵は顔の輪郭や目・鼻・口の大きさや配置などを巧みに筆にのせ、シンプルな線の中にその人の表情の特徴をよく捉えて描かれています。顔写真が単にその人物をそのまま写し出しているのに対し、似顔絵はその人の特徴をよく捉えていて見る人をより引き付けるものがあります。

動感画も同様に、映像そのものよりも動きの特徴を捉えて動きの感じを強調して描き表すことができる点で、動きの感じを呈示する上で大きな役割を果たすことができます。

そのためには教師が動きかたのコツやカンをしっかりと感じとっていることが必要です。動きかたの感じをつかまないまま描いた画から動きかたを感じとることはできないからです。

さらに、動きの中から切り取った一つの局面だけでなく、動きをいくつかの連続した画で描くことによって、より強く生き生きした動きを感じさせることができます。それは一つのコマから次のコマまでの合間に見る人の動きの感じかたによって動く姿をイメージできるからです。

テーマ❸　動きの感じを表す連続図とは

次頁の連続図を見てみましょう。この画はどんな運動に見えるでしょうか。実は、体を小さくしてしゃがみ込んだ１枚の画を、順次角度を変えて６つ並べた画なのです。マット運動の「前転」に見える人がいるかもしれませんが、このようなボールまがいの「前転」は実際にはありえません。後ろから強く押してもらうか、下り坂でおこなわない限りこのような運動は成立しないことは誰でもわかるはずです。まん丸いボールでさえ置いただけでは転がらないのですから。この画が前転を表したものだとしたら、いくら上手に描けていても動感画

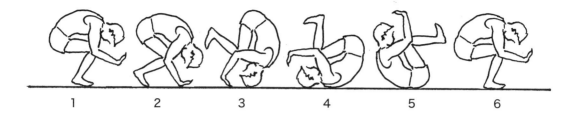

とはまったく関係のない単なる抽象的な画ということになります。

各種スポーツにおいて、このように動きの感じが抹消された画が示されることがありますが、その例証を挙げ発表し合ってください。

さて、ここに投球動作の10枚の写真があります。それぞれのコマには番号を振ってありますが、まったく無秩序に並べられていますのでこのままでは動きが理解できません。どのような順番に置き換えれば動きの感じが表されるかを討論し、正しい一連の連続写真として完成させてください。

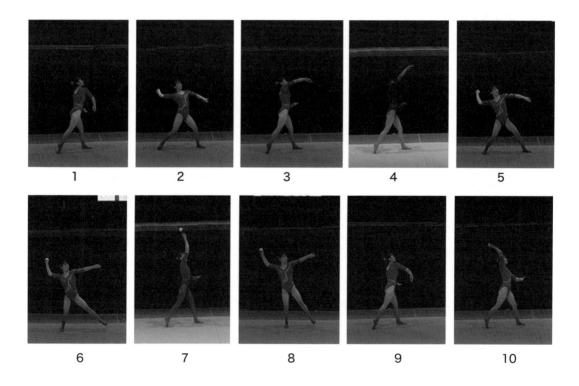

投球の準備動作として、左足を持ち上げてボールを頭の後ろに引き戻すところから始まり、左足を大きく踏み出しながら投球動作に入る一連の動きを想い描けば簡単に組み替えられます（答えは8、6、5、2、10、7、4、3、9、1の順です）。

テーマ❹　連続写真の配列の間違いを探そう

　次の連続写真は立ち幅跳びの動作を 12 コマに収めたものですが、1〜12 の写真の並べ方に誤りがあります。どの画の順番がおかしいのか、どの画をどこに移し替えると動く感じがでてくるのかを討論し、動きかたを示す動感画を理解しましょう。

　出来上がった連続写真を見たときに、誤りはないものだという先入観が働いて誤りを見過ごしてしまうことがあるので注意深く観察することが必要です。2 と 4 の写真は腕の位置がいずれも後方にありますが、膝の曲げ方に違いがあります。予備動作として腕を後ろに振り込む経過では膝はさほど深く曲がりませんが、腕の動きを切り返して前に振り込もうとする局面では跳び出す準備のためにかなり深く曲げられます。したがって、2 と 4 を入れ替えた配置が正しいものになります。さらによく観ると床から足が離れた直後の 7 の膝が曲がっていて不自然です。踏み切って空中に跳び出した体勢は膝が伸びきっていなければ有効なけりがおこなわれたとはいえません。8 のコマの後に 7、すなわち着地に備えて膝を曲げ足を前に送り出す体勢がくるのが自然です。

まとめ

　さて、次の連続図を観てみましょう。これは人の姿を簡略化して毛筆により 1 本の線で描いたものですが、前に挙げた前転まがいの連続図の 6 つの局面に対応させて「前転」の動きかたの感じを意識して描いた画です。これなら助走で勢いをつけなくても、ゆっくりした開始動作から勢いよく立ち上がることができそうな前転のイメージがわいてくることと思いま

す。このような動きかたの感じを取り込んだ動感画が運動伝承の場面では有効なものになります。

［描画課題5］ラジオ体操第一の2つめ「手足の運動」を必要最小限のコマ数で動きがわかるように描きなさい。

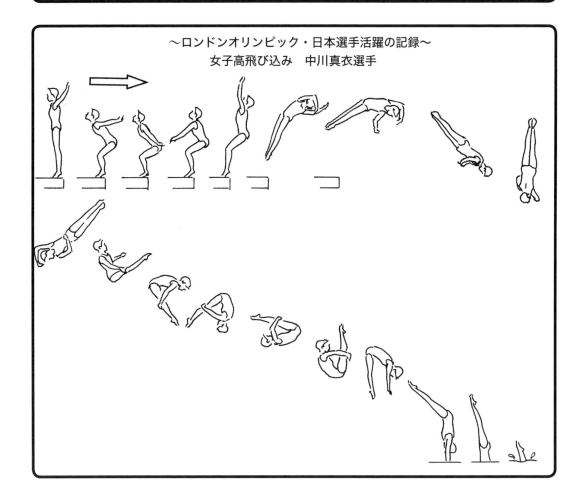

～ロンドンオリンピック・日本選手活躍の記録～
女子高飛び込み　中川真衣選手

～ロンドンオリンピック・日本選手活躍の記録～
女子バレーボール３位　迫田さおり選手

バックアタックでポイントを重ね入賞に貢献しました。

[描画課題５] の回答例

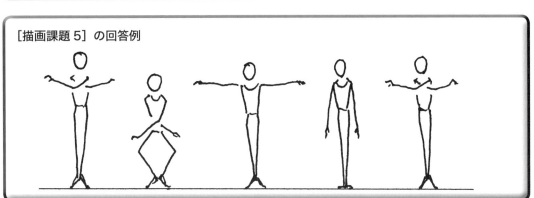

演習6 なぜ動く感じを描くのか

ねらい

　今やハイテクが急速に進み、高速度・高画質撮影ができるデジタルカメラや撮影機器が続々と登場し、とても便利な時代になりました。このような時代になぜ手描きの動感画が必要なのでしょうか。これまでも動感画の意義について触れてきましたが、ここで改めて考えてみたいと思います。

テーマ①　連続写真はコマ数が多いほど動く感じをよく表せるのか

　まずビデオなどに収められた高画質の映像は本当の動きを再現してくれるものなのかという点です。実のところ、コマとコマとの間は空白で動きがとんでいるため実際の動きをそのまま再現したものにはなり得ません。高速度撮影してコマとコマの間をいくら細分化して呈示しても、その間の空白を埋めることはできません。また、細分化したコマを写真にプリン

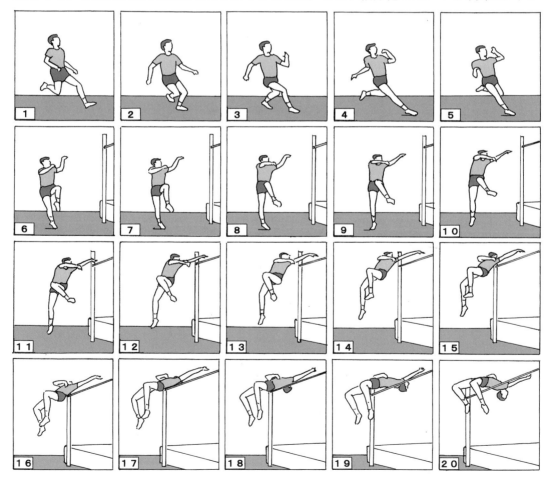

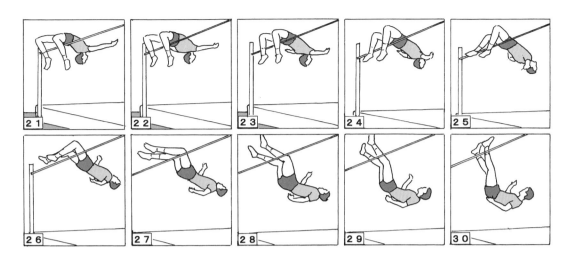

トレースして並べてみても、たくさん並べれば並べるほど生き生きした動きの感じは消失し、単なる画像の羅列に過ぎなくなってしまうのは前にも述べたとおりです。ここに走り高跳び（背面跳び）の連続写真をトレースした30枚の画がありますが、これよりも7枚だけを抜き出して並べた下の連続図のほうがスピード感や動きかたの感じがつかみやすいのではないでしょうか。12枚あるいは10枚を抜き出すことにも挑戦してみましょう。

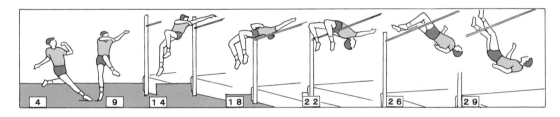

テーマ❷　動きの印象は観る角度で変わってくる

ビデオやデジタルカメラの映像は本当の動きを再現できないとはいうものの、今おこなった動きをすぐ確認するにはとても便利です。ストップモーションやスローモーションを使ったり何回も繰り返し見直すことができるので、運動の修正作業には必須のツールとなっています。しかし、自分のおこなった動作をビデオで見直してみると、身体の反りや曲げなどの動きが意識していたほどには形態的な違いとして映像の中に表れてこない場合があります。それは自分の動いた感じのずれ（思い違い）に起因することもありますが、カメラの位置角度によって正しく表されないこともあります。右の2枚の写真はバレーボールにおけるスパイク動作の1コマですが、カメラの位置がわずかに違ってい

るため身体の反り加減も異なって見えてきます。右の写真は斜め前から撮っているので肘の引き込み動作がはっきり見えますが、身体の反りは薄まって見えます。この２枚の写真を参考にして、身体の反りを誇張した体勢の画を描くとどうなるでしょうか。自分でも描いてみてください。上体の反りを助けるためには膝を曲げて弓なりになるイメージで描くと動きが生きてくると思います。写真よりもっと動きの感じをだす画にするためには、どこをどう描けばよいのかをしっかり意識して描くことが大切です。

動感画ではこれらの動きの感じを誇張して学習者に描き示すことで、その動きかたの重要なポイントや学習者の欠点を捉えやすくできるなど、ビデオや写真にない効用が認められます。

まとめ

ビデオや写真では、おこなわれた運動をあとから見直すという範囲から抜け出すことができません。新しくイメージした動きや理想的な動き、すなわちまだおこなわれていない動きを、デジタルカメラやビデオで撮影することは不可能です。一方、動感画の場合にはこれから挑もうとする動きかたの感じをイメージして即座に画として呈示することが可能です。ここに指導者と学習者の間で動きかたの感じを交信し合う上で、動感画の存在価値が認められることになります。感覚的なコツは言葉ではどうにも表現しにくい面がありますが、指導者と学習者間の意識伝達・交信は動感画を媒体とした意識の確認作業の繰り返しから導き出される面が大きいといえるでしょう。

この動感画を描く技術を身につけてしまえば、機材も電源も必要とせずにその場で思い通

[描画課題6] 次の長い「説明文」を読んで、その説明文が示す身体の体勢を正面向きで描きなさい。

「直立から右膝を直角に曲げて腿が水平になるように前に挙げると同時に、右腕を指先まで伸ばしたまま真横に水平に挙げ、左腕は脇を体側につけたまま肘と手首を曲げて指先を左肩に触れるようにする。」

～ロンドンオリンピック・日本選手活躍の記録～
男子フェンシング　団体2位　太田雄貴選手（☆印）

残り2秒、最後まで諦めない気力で銀メダルをもたらしました。

演習6　なぜ動きの感じを描くのか

～ロンドンオリンピック・日本選手活躍の記録～
ボクシングミドル級　優勝　村田涼太選手（☆印）

冷静な試合運びが際立ちました。

「跳躍」にもさまざまな跳びかたがあり、走り幅跳びや走り高跳びを取り上げてもまたさまざまな跳びかたが存在します。ここでは「反り跳び」と「背面跳び」の連続図を示してみます。それぞれ助走から「遠くへ跳ぶ」「高く跳ぶ」という課題に沿って跳びますが、踏切り時の上体の傾けかたや腕の使い方、振り上げ脚のさばきかたなどを観察すると双方に大きな違いが見られます。常に身体各部位の動きがどのような働きをしているのかをつぶさに観察する姿勢が大切です。

[描画課題6]の回答例

りに動きの感じを呈示することができるというわけです。ただし、動きの本質を捉える観察能力に基づいた動感画でなければ意味をなしません。上手に描くことよりも動く感じを示すことに注意を傾けてください。

　人の動作は、手足、頭、胴など身体の部分が同時に多様な動きをするため、一つの動作でも文章に表すと非常に長くなり理解しにくくなります。示範や画が動作の理解を助けてくれます。

演習7　動感画とスティックピクチュアの違い

> **ねらい**

　動感画の特徴をもう少し浮き彫りにするために、動感画とスティックピクチュアとの比較分析を試みてみましょう。

> **テーマ❶**　スティックピクチュアで動く感じをうまく表せるか

　人の動きを高速度カメラで撮影し、手首・肩・腰・足首などの定点を直線で結び、細密に描き並べた「スティックピクチュア」を目にすることがあります。これは科学的な運動分析として肩や腰の角度を測ったり、スピード変化を求めるのにはとても好都合です。しかし、動く感じの伝承においてはそこから得られた細かい数値はほとんど意味をなしません。運動の結果を外からいくら精密に分析しても生身で動いている人の動く感じはまったく度外視されてしまうからです。下の左側の図は1970年代の段違い平行棒順手車輪のスティックピクチュアですが、この重ね描きした直線的な図から動きの感じを汲み取ることは困難です。一方、同じ運動局面の中からいくつかを抽出しそれぞれ1本の曲線で表した右側の画と比べてみると違いは一目瞭然です。この画なら腰の曲げ伸ばし、胸の反り、手首の返しや首の動きが各経過の中でどのように変化しているのかをはっきり感じとり、動きの感じをイメージすることができます。

　それではここで身近な運動を取り上げてスティックピクチュアを作成してみましょう。走、跳、投、なんでも構いません。次いで、そのできあがったスティックピクチュアから動感画（線画）を構成してみましょう。それぞれが描いたスティックピクチュアとそれを元

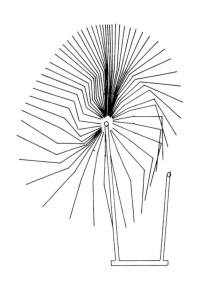
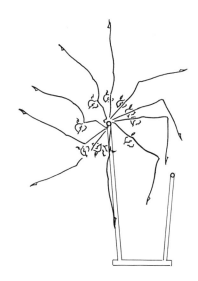

にして描いた線画について、どこを意識して描いたかを発表し合ってから討論に入ります。うまく描けているところ、感じがあまりでていないところ、どのように描けばよりよく動きの感じを表せるかを討論しましょう。

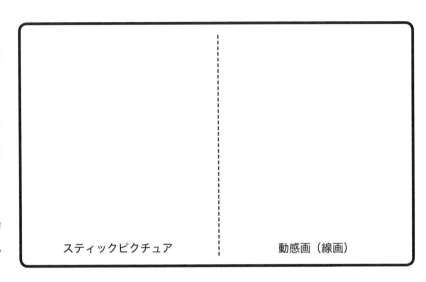

| スティックピクチュア | 動感画（線画） |

■テーマ❷　身体の曲線を消してしまうスティックピクチュア

　次の図は2つの異なった捌きかたによる跳馬・山下跳び（次頁の図参照）の突き手後の空中局面における1コマを並べたものです。Aは胸を反らせたシャープな体の線を示していますが、Bは背中が丸くなっていてAのようなシャープさがありません。しかし、手首・肩・腰・足首を直線で結んだスティックピクチュア（A″、B″）に置き換えると、胸の反りや曲げの姿勢は抹消され、2つの異なっていたはずの空中姿勢は同一の画になってしまいます。A'とB'はAとBの動きの特徴を捉えて胸を反らせたり（A'）、背中を丸くしたり（B'）することでその違いを明確に表しています。動きの感じの伝承においては精密に角度や速さを測定することは必要ありません。動きの感じをどのように呈示できるのか、何を承け手に訴えるのかが重要です。

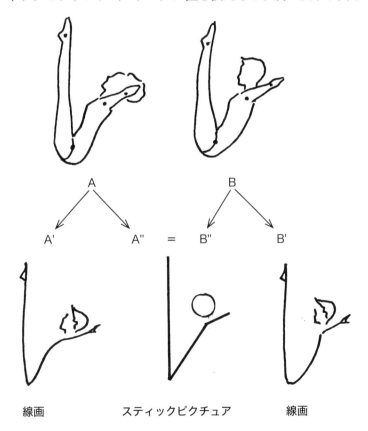

演習7　動感画とスティックピクチュアの違い

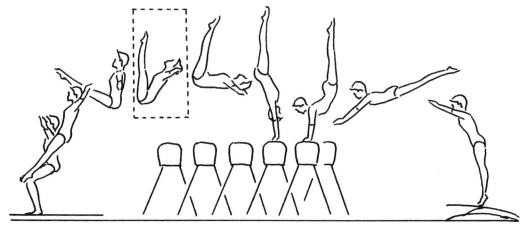

山下跳びの連続局面図（1965年・チャスラフスカ選手）

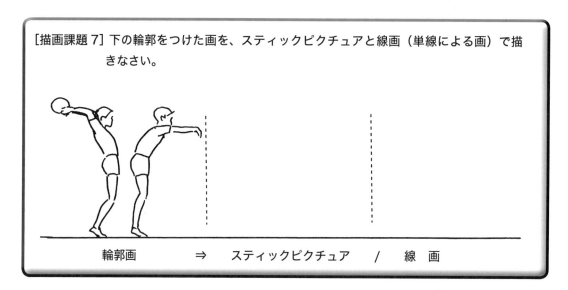

[描画課題7] 下の輪郭をつけた画を、スティックピクチュアと線画（単線による画）で描きなさい。

輪郭画　　　⇒　　スティックピクチュア　／　線　画

> まとめ

　スティックピクチュアと動感画はそれぞれその目的が違います。マッチ棒を並べたようなスティックピクチュアは、肩・腰・手首・足首などの点をもとにスピードや角度変化を求めて運動を科学的に分析しようとするのが主目的ですから、その直線的な画から動きの感じを表すのは困難です。一方、動感画は形態的な身体の変化を描くことによって、動きの感じを表すのが目的です。動きの感じを表すためには、胸を反らせる－背中を丸くする、頭を腹屈する－頭を背屈する、手の平を上に向ける－手の平を下に向けるなど、動きを形成している身体各部位の変化をうまく捉え、過剰なほどの意識をもって描いていくことが大切です。スティックピクチュアの画法との対比を意識することにより、動感画の描き方がより明確になってくると思います。

～ロンドンオリンピック・日本選手活躍の記録～
男子レスリングフリースタイル 66 キロ級　優勝　米満達弘選手（☆印）

相手選手を豪快に抱え上げ、力と技の金メダルを手にしました。

演習 7　動感画とスティックピクチュアの違い

~ロンドンオリンピック・日本選手活躍の記録~
女子重量挙げ 48 キロ級　3 位　三宅宏美選手

親子2代悲願のメダルを獲得しました。

～ロンドンオリンピック・日本選手活躍の記録～
男子レスリンググレコローマンスタイル60キロ級　3位　松本陸太郎選手（☆印）

柔軟性と瞬発力を活かして相手選手をねじ伏せメダルを手にしました。

[描画課題7］の回答例

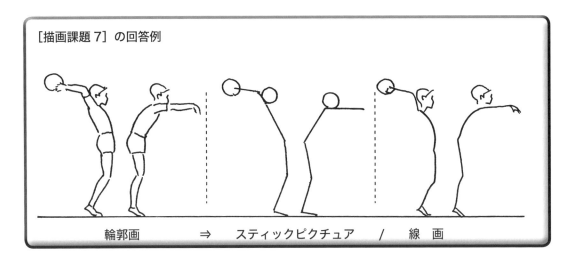

輪郭画　　⇒　　スティックピクチュア　／　線画

演習7　動感画とスティックピクチュアの違い

演習8　学習する前に動く感じを描く

ねらい

　動感画には学習者が自ら描く自己動感画と指導者が描く他者動感画の2つに分けて考えることができますが、まずここでは学習者が学習目標としてどのように動こうとしているのかを動感画に描く実習から入ります。

テーマ❶　自分の動きはどのように描くのか

　学習者自身がこれから挑戦しようとする運動（技）をどのような感じで実施しようとしているのか（こう動きたい、こう動かなければならない、こう動くべきだなど）を想い描いて目当てとして描き表すのが自己動感画です。また、実際に動いた後にその動きかたを想い返してこんな感じで動いたということを画にしておくこともあります。いずれにしてもこれからおこなおうとしている動きかたや、自分のおこなった動きかたで意識していることを画にするのですから、からだの各部位の動きかたや動きの伝わりかたの感じをしっかり意識して描かないと単なる抽象的な画に終わってしまいます。

　ロンドンオリンピック体操競技金メダリスト内村航平選手が小学生時代、自由帳に鉄棒運動の演技構成を連続図にして残していたことはよく知られています。縫いぐるみの人形をモデルにして動きのイメージを確認し描いたということですから、これも立派な自己動感画といえます。

　はじめの段階では、その動きの中で動きの中核となる局面やもっとも強く意識している局面を切り取って1コマだけ描くことになると思います。慣れてきたら2コマ、3コマと増やして連続図的に描いて動きの感じをより詳細に表せるようにするとよいでしょう。学習者は自己動感画を描くことによって自分のおこなう動きかたがはっきりと意識されるので、練習効率を高めることにつながります。

テーマ❷　動きの感じを自分の動きとして実際に画に描いてみよう

　これから自分でおこなおうとする動きに対して、どこに注意して動こうとするかをはっきりと意識し、そこを画に描いておくことが重要です。まずここで簡単な動きの描画課題に挑戦してみましょう。

[描画課題8] 高い放物線を描いて落ちてくるボールを両手でキャッチする場面を想い描いて、その動きを3コマで描きなさい。

続いて今自分が取り組んでいる動きや興味のある動きを選び、実際に自分が動いているつもりで5コマ程度の動感画に表してみましょう。動きの要所を画にするのが難しい場合は、いくつかの例題を次に呈示しておきますのでこれらを参考にして動感画の作成に挑戦してみましょう。

＜自由に選んだ動きの連続図を描いてみましょう＞

できあがった画は相互に発表し合い、討論を重ねた後に討論の内容を反映させるように注意して再度、画を描き直してください。

以下は、連続動感図の参考例です。

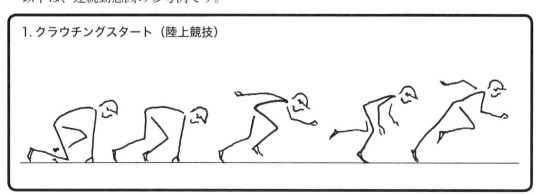

1. クラウチングスタート（陸上競技）

2. インステップキック（サッカー）

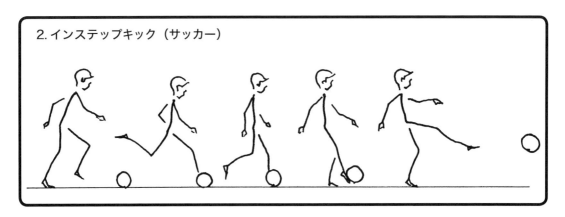

3. チェストパス（バスケットボール）

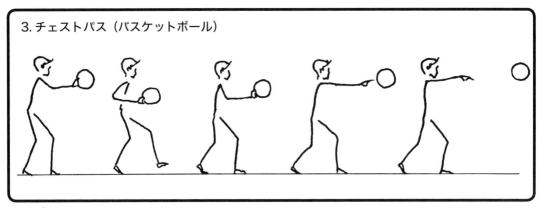

4. 後ろ受け身（柔道）

5. 胴の打ち込み（剣道）

まとめ

　自分がある動きの学習にとりかかる際には、まずその動きについて、指導者からの解説にとどまらずさまざまな角度から情報を得ようと努めるはずです。他人の動きを観て参考にしたり、指導書やビデオからその動きのコツを探ったりすることでしょう。その上で実際に挑戦しようということになりますが、情報を得ただけでそのまま練習に入るよりも、得た情報を整理して、このように動いてみようという動きかたのポイントを画にしてから練習に取り組むほうが練習効率は確実に上がります。どのように動こうとしたのか、実際にはどのような動きだったのかについても、自分の動きを見つめて画に表してみると動きの修正点が明確になってくるはずです。そう簡単に描けるものではありませんが、常に描画を心がけ習慣化できれば自己動感画を描く力は確実に上達していきます。

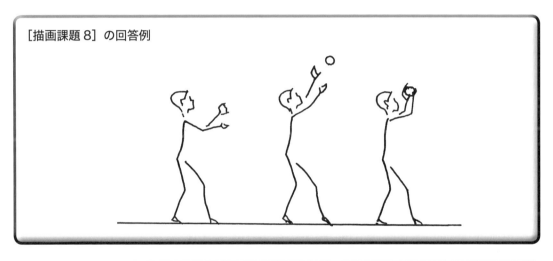

[描画課題8]の回答例

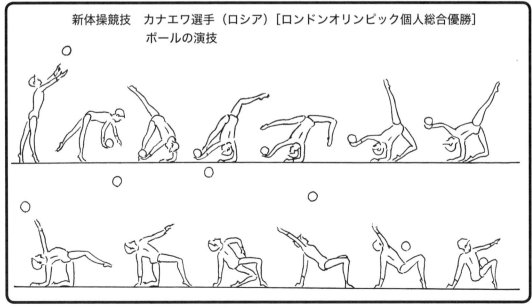

新体操競技　カナエワ選手（ロシア）[ロンドンオリンピック個人総合優勝]
ボールの演技

～ロンドンオリンピック・トップアスリートの記録～
陸上競技男子走り幅跳び　優勝　ラザフォード選手（イギリス）

演習9　生徒の動感画を描く

ねらい

　指導者が実際にその動きを演じて学習者に見せる代わりに動きの感じを画に描き示すのが他者動感画法です。まず教師としての目標像を示す動感画があります。これからとりかかる運動はどんなところに注意してどのようにおこなえばよいかをわかりやすく示すものです。もう一つは指導者が学習者の実施した動きかたを観察して描く動感画です。学習者の動きかたを観てどのような動きになっているのか、その特徴を描き示し、学習者の欠点を修正するための目当てとなる動きかたをわかりやすく描画します。他者の動感画法を理解しましょう。

テーマ❶　生徒の欠点をわかりやすく画に表す

　学習に先立って、指導者は最新技術情報に基づく動きかたを生徒に示すことになりますが、目標となるよい動きかたを示すだけでなく、共通して陥りやすい欠点を示して注意を喚起しておくことも忘れてはなりません。実際に練習に入ると一人ひとり多様な動きかたがでてきますから、指導者は見過ごすことのできない欠点を拾い上げて動感画として示すことになります。

　示された動感画の中から、学習者は自分の動きの欠点を確認し、修正のポイントを明確に把握することができるでしょう。学習者の動きかたをVTRに収めてあとで見せる場合でもしっかりと観察点を示しながら、よほどていねいに解説を加えておかなければその目的達成は難しいものになります。

　動感画では「ここが重要だ」という鍵になる運動局面をピックアップして示すことにより、学習者の意識を集中させることができます。科学的合成によって作られたモンタージュ写真よりも画家による似顔絵のほうが見る人により強い印象を残すのと同じように、VTRからは感じとるのが難しい動きの感じを動感画がつかみやすくしてくれます。欠点指摘の例を2、3挙げておきます。

バレーボール「アンダーハンドレシーブ」の欠点矯正メモ

前頁の画はバレーボールにおけるアンダーハンドレシーブの１コマですが、左側の画は腰が高く、ボールの下に十分手が入らず、ボールコントロールができていない様子を描いたものです。右側の画は腰を落としボールの下からすくうように手で受けている様子を描いたものです。並べて描くことにより修正すべき点が明確になってきます。

跳び箱「開脚跳び」の突き手の比較説明メモ

　この画は跳び箱「開脚跳び」の突き手を示したものです。左の画は着手が十分前に着けておらず、長い間手が跳び箱上に接しているため、肩が手の位置より前にのり出して突き手の機能が失われている様子を描いたものです。手を後方に掻いているので上体は下向きのままでつんのめるように着地に向かっています。右の画は肩が手の上を通過する前に手を鋭く突き放し、身体を起こして安定した着地に向かう様子が描かれています。

　下の画は「さか上がり」の前半を描いたものですが、左３つの画は初歩段階でよく見かける代表的な欠点を示しています。後ろに回る意識が強く働き頭が背屈してしまうため、連動して身体が反って下半身が棒から遠ざかってしまう様子を描いたものです。右２つの画は棒を見たまま足を振り上げて棒上にお腹を引き寄せようとしている様子を描いたものです。

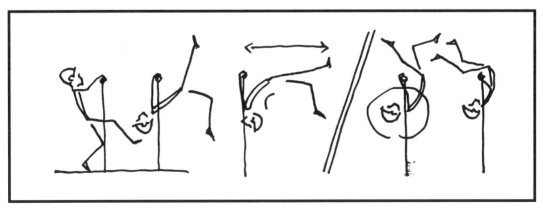

低鉄棒「さか上がり」の欠点指摘メモ

テーマ❷　学習者と指導者が画を通して動きの感じを共有する

指導者と学習者はそれぞれの想い描く動きの感じを相互に呈示し合うことによって、今ここでの学習状況を共有し動きかたの改善に向き合うことができます。ここに、「歩く」動きの学習場面における指導者と学習者の動感画を用いたやりとりの一例を示してみましょう。

①
指導者「この画①のように胸を張って元気よく歩いてごらん。」
学習者「はい、わかりました。元気に歩いてみます。」

②
指導者「今どんな感じで歩いたか、画に描いてごらん。」
学習者「こんな感じ②に歩けたと思います。」

③
指導者「実際の動きはそうなっていなかったよ。この③のように目線が下を向いて、上体が前に倒れていたし腕の振りも小さかった。目線、上体の姿勢に気をつけて、腕もしっかり振ってもう一度歩いてみよう！」

④
学習者「今度は、こんな感じ④でしっかり歩けたと思います。」

⑤
指導者「そうだね。よい姿勢で元気に腕も振って歩けたけど、この画⑤を見てごらん。同じ側の手と足が一緒に出ていたよ。」
学習者「アッ………」

[描画課題9] 台上から両足で飛び下りる動きを表した画ですが、これに対して膝の緩衝動作が十分できず、着地で衝撃を受ける動きの代表的な例を右の余白に描きなさい。

〜ロンドンオリンピック・トップアスリートの記録〜
陸上競技女子円盤投げ　優勝　ペルコビッチ選手（クロアチア）

> **ま と め**

　学習者が目標とするよい動きかたを身につけるためには、指導者や仲間から観た客観的な動きの観察が大きな助けになります。指導者は「このように動いてみよう」とやりかたを示すだけでなく、学習者の動きかたの特徴を正しく捉えて示してあげることが欠かせません。また、学習者は指導者から呈示されたものを受け取るだけでなく、自らの動いた感じや動こうとする感じを画に示し、動く感じのすり合わせを根気よく繰り返すことが大切です。

[描画課題9] の回答例

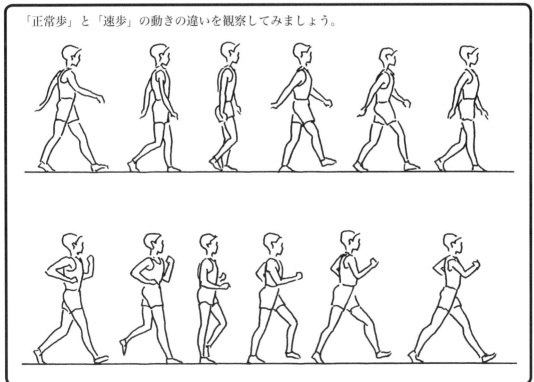

「正常歩」と「速歩」の動きの違いを観察してみましょう。

演習10　輪郭画と線画を描き分ける

ねらい

　動感画には一本の線でからだの動きを表す線画と、からだの輪郭をかたどって描く輪郭画いわゆる肉付けをした画とがあります。それぞれどのような場面で用いると有効なのかを理解しておきましょう。その上で、線画と輪郭画を効果的に使い分けができると便利です。

テーマ❶　輪郭画はどのように活用されるか

　輪郭画は体の輪郭を線で囲むようにして描いた絵で、もっとも一般的な画法です。初歩の段階では写真やビデオの映像を複写したり描き写して仕上げていきますが、慣れてきたら実際の動きかたを観察したり、動きかたを頭の中に想い描いてスケッチしていきます。下絵としては細かいタッチの重ね描きでも構いませんが、仕上げはシンプルな1本の線でからだの輪郭を鮮明に描き、動きかたの感じを表現できるようにします。ビデオや写真を描き写す場合には、一連の映像の中からどの局面を抽出するかによって、動きの感じが引き出されるか否かが決まるので、動きの局面の選定には細心の注意を払う必要があります。それには動きの本質を見抜くことができる、しっかりした観察能力を備えていることが前提になります。

　また輪郭画は、運動（技）の解説や一連の動きを記録として保存するような場合によく用いられます。一般的には運動の進む方向や回転する面に対して真横から描くことが多いのですが、運動によっては正面や斜めからみて描いたほうがよい場合もあります。手前側の腕・脚や胴体に隠れて見えない向こう側の腕や脚の動きがわかるように描きたい場合など、真横からでは表現しきれない運動が含まれるときは斜め方向から描くことで問題は解決できます。

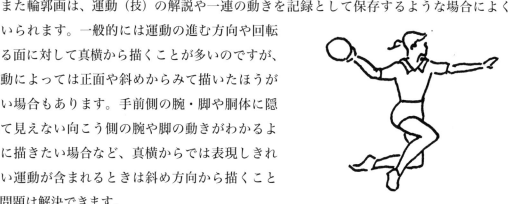

テーマ❷　線画はどのように活用されるか

　からだの輪郭を描かずに1本の線でからだの動きを描写する画法を線画とよぶことにします。動きを真横から見て描く場合に便利です。

　1本のシンプルな線で描くので、輪郭画よりも動きの特徴や要点をわかりやすく、しかも短い時間でサッと描くことができるため、指導現場ではもっとも利用価値の高い画法となります。からだを反らせているときは胸側のラインを、背中を丸くしているときは背中側の

ラインを意識して描くことにより、動きの感じを強調することができます。また、線画ではねじれた動きや斜めになった体勢を描くのに無理がある場合もでてきます。このようなときには輪郭画との中間的な画法として肩幅を描写することで、身体の向きやねじれ具合を表すことができます。黒板にチョーク、ホワイトボードにフェルトのマーカー、紙に鉛筆やマジックペン、筆などを用いてさまざまな味わいをもった動感画を描くことができるでしょう。蛇足ですが、先の尖った固い鉛筆やボールペンでは線の強弱が描出しにくいので、動きの感じを強調する動感画には不向きといえます。身体の反りや曲げの体勢を実際に線画で描いてみましょう。

鉛筆描き（太線）　　　万年筆描き　　　　毛筆描き

鉛筆描き（細線）　　　ボールペン描き　　　フェルトペン描き

　近頃では日常的に筆を握ることはほとんどなくなりましたが、毛筆で描くと一筆の中に肉厚感が表現でき、ペンや鉛筆で書いた画と比べて迫力のあるものになります。筆の太い線やかすれた線が躍動的な動きを表出こともできるので、機会があったら一度試してみてください。次頁の画は毛筆画の一例です。

[描画課題10] 短距離走の1コマの写真です。これと同じ局面の画を「輪郭画」と「線画」で描きなさい。

輪郭画　　　　　　　　　　　　　　　　線画

58　第Ⅰ部　「動きの感じを描く」演習

まとめ

　私たちは一般に人の姿を「輪郭画」で描くことに慣れていますが、身体の太さや四肢の長さ、頭の大きさなどをバランス良く描くのは非常に難しく、描き上げるのに時間がかかります。また、大きさや長さのバランスに気をとられて肝心の「動きの感じ」が失われてしまうこともよくあります。特別な目的を持つ場合を除いて「線画」による動感画に慣れておくほうが便利でしょう。最初はスティックピクチュアに近いものになりかねませんが、上体だけでも脊柱の動きを意識して、「反り」「曲げ」を強調して描くようにすれば動きの感じはでてくるものです。指導・学習の現場ではていねいに時間をかけて描くよりも、動きの感じに集中して感覚的に素早く描き上げたほうが迫力ある動感画に仕上がります。指導者の描く動感画は、学習者の描く動感画にも影響を与えることでしょう。指導者と学習者の動感画によるキャッチボールに期待したいと思います。

テレビで紹介される健康体操の動きなどをメモするときにも線画を活用すると便利です。

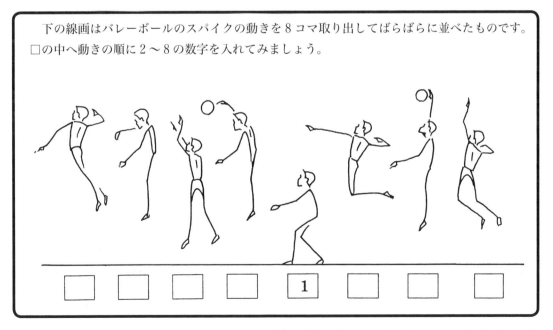

　下の線画はバレーボールのスパイクの動きを8コマ取り出してばらばらに並べたものです。□の中へ動きの順に2〜8の数字を入れてみましょう。

上の7コマの順番の正解は 左から 5、8、2、7、1、4、6、3、です

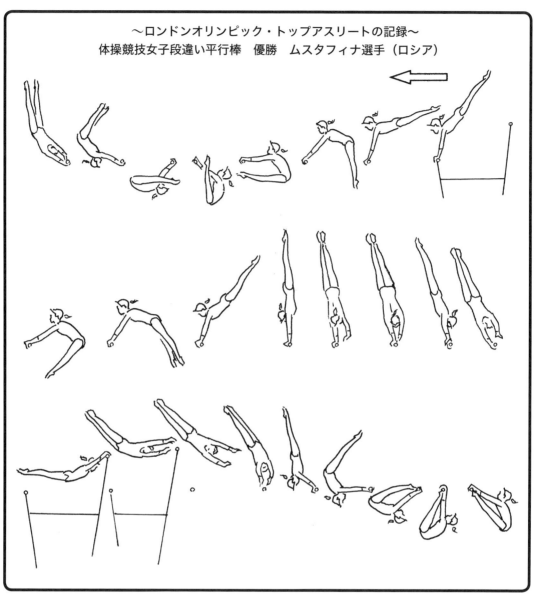

〜ロンドンオリンピック・トップアスリートの記録〜
体操競技女子段違い平行棒　優勝　ムスタフィナ選手（ロシア）

［描画課題10］の回答例

輪郭画　　　　　　　　　　　　　　　線画

演習11　動感画の描きかたの基本

> **ねらい**

人間の動きを画にするとき、まず人の身体そのものをよく観察することから始めます。人のさまざまな動きは、骨格を結ぶ腱や筋肉によって成立するものですから、その構造をよく知っていることが大前提です。腕や膝の関節、肩関節、股関節の正常な可動範囲、脊柱や腰の動き方、手首足首の動き方等をしっかり理解しておく必要があります。ここでは人体解剖図を掲載することは省きますが、専門的な人体解剖図をぜひ観ておいてください。右の画はマット運動の前転の経過にみられる1コマをX線撮影するとこのようになるだろうという想像図です。実際の動きの中で、骨格や関節は外から見えませんし、画の中に骨格を描き込むこともありませんが、常にこのような可動域の中で各関節が動いているのだという想像力をもって描くことが必要です。

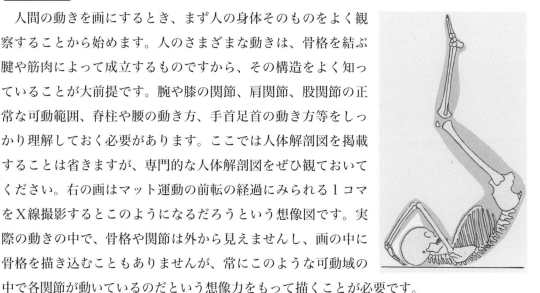

■ **テーマ❶**　**身体各部位の大きさのバランスを把握する**

まずはじめに身体各部位（頭、胴体、腕、脚、手、足）の長さや大きさのバランスを把握しておくことを勧めます。いくつかの身体部位の相互関係には次のようなものがあります。

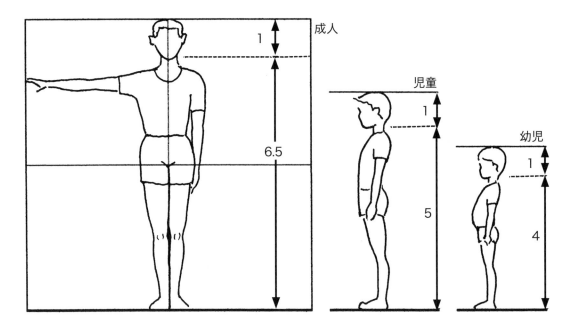

①両手を広げた長さは身長とほぼ同じです。
②頭と頚から下の長さの比率はほぼ 1：6.5 です。すなわち 7.5 頭身を意識して描くと安定感のある画になります。また、幼児・児童の場合は成人に比べて頭の比率が大きく、手足の長さの比率も短くなっています。幼児ではお腹がぽこんと出っ張っているのが特徴です。
③直立したとき、腰関節（大腿骨の外転子）の位置はほぼ中央の高さにあります。宙に浮いている状態では爪先までの長さが加わるので、上体より脚のほうが長くなります。爪先を伸ばすとかなり脚のほうが長いという印象になります。
④腕は胴の長さよりやや長く、直立で腕を下げたとき、手首は腰より下の位置になり、手先を伸ばせば大腿の中央付近まできます。
⑤前腕の長さと足裏の長さはほぼ同じです。尺貫法の 1 尺は、前腕の尺骨の長さを基にした長さだということが想像できます。欧米のフィートは、1 足長を基にした長さの単位であることと似ています。

このような不文律は、人体を描くときに常に頭の隅に意識しておかなければなりませんが、メジャーで厳密に計りながら描くということではありません。あくまでもこのことを意識して感覚的に描くということです。いきなり人の姿を描くのが難しいのであれば、写真やでき上がっている画を手本にして描く練習から始めるとよいでしょう。

テーマ❷　さまざまな動きのフォームを描いてみる

まず見本の写真や画の上にトレーシングペーパーを重ねてなぞってみます。普通の紙であれば写真用のライトボックスを利用すると鮮明に画や写真をなぞり描きすることができます。透明の窓ガラスに紙を重ねて描くのもよいでしょう。　次に見本の写真や画を横に置いて、これを見ながら転写してみましょう。紙はなんでも構いませんが、芯の柔らかい鉛筆を用いると、消しゴムで修正しやすいので便利です。鉛筆の芯はあまり尖らせないほうが描きやすいと思います。手本になる画をなぞったり転写することに慣れてきたら、次は木製のモ

デル人形にさまざまなポーズをさせてこれを素描する練習をするのも効果的です。前述の身体各部位の長さのバランスに注意して、繰り返しさまざまなポーズの素描を練習しましょう。描き上げた後に、必ず全体的なバランスを確認し、アンバランスな部分は修正します。静止したポーズの描きかたが身につけば、動きの描きかたも楽に進められると思います。

　描きかたに慣れてきたら、できるだけシンプルな線で描写できるように心がけたいものです。動感画の使命は時間をかけてうまく描くことよりも、特に指導現場では、動きの感じを即興的に的確に表現することにありますから、単純な線でさらっと動きの感じを表現できるように練習を重ねてください。これ以上略すことのできないほどにつきつめた線を意識して、自分の手を動かし繰り返し練習することが大切です。

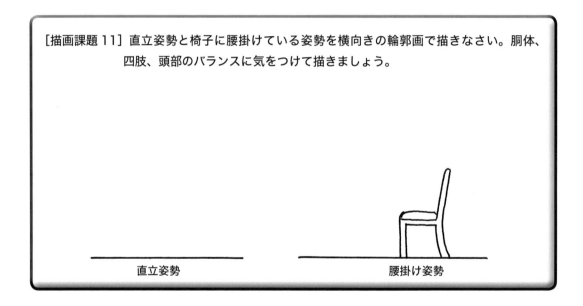

[描画課題11] 直立姿勢と椅子に腰掛けている姿勢を横向きの輪郭画で描きなさい。胴体、四肢、頭部のバランスに気をつけて描きましょう。

直立姿勢　　腰掛け姿勢

《バレエ》のポーズ

《フィギュアスケート》のポーズ

《ストレッチ》のポーズ

> まとめ

　さまざまな動きのフォームを題材にしてこのような描画の練習を重ねているうちに描きかたのさまざまな原則に気づくことでしょう。しかし、見本やモデルがない状態では、頭の中に想い描いたポーズを紙の上に描き表すことは難しいかも知れません。演習12以降で動感画としての身体各部位の描きかたについて詳しく解説していきます。

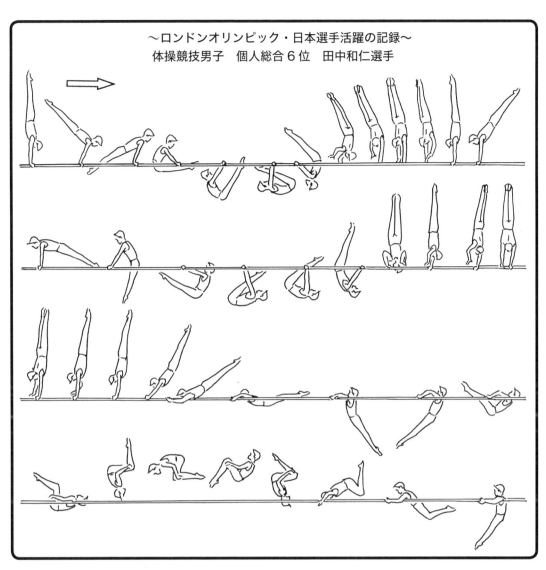

～ロンドンオリンピック・日本選手活躍の記録～
体操競技男子　個人総合6位　田中和仁選手

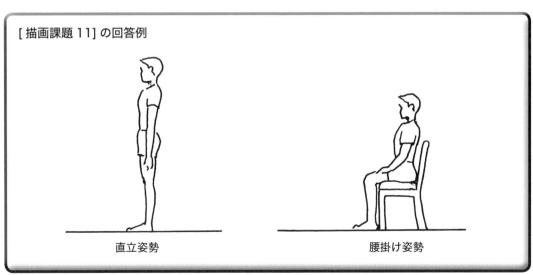

[描画課題11]の回答例

直立姿勢　　　　　　　　　腰掛け姿勢

演習11　動感画の描きかたの基本

演習 12　　　　　　　　　　　　　　　胴体と頭部の描きかた

ねらい

　人の動きは腰が起点となって上肢・下肢の関節を通して順次指先へと伝わっていくのが一般です。その動きを描き表すには、まず胴体の体勢がどのようになっているのかをしっかりと見極めて画にしていくことが大切です。さらに、頭部の動かしかたはそれぞれの動きの中で重要な働きをしているので、頭部をいいかげんに描き込んだ画からは動く感じをつかむことはできません。頭部の傾きやひねり具合で動く人の目線がどこを捉えているのかがわかるような画に仕上げられるかどうかが生きた画のポイントになってきます。

テーマ❶　　胴体の動きを描くとき大切なことは何か

　運動を伝承する場面では、「胸を含む」「胸を反らせる」「みぞおちを引っ込める」「背中を張り出す」などその動きかたの感じを伝えるためにさまざまな動きの感じを表す言葉が使われます。

　動感画を描くとき、これらの動きの感じを意識して描くことが大切です。胸を反らせる場合には体前面のラインを、背中を丸くする動作の場合には背中側のラインを強調して描くことになります。写真から転写したり重ね描きする場合、身体の輪郭が太めになる傾向があります。これは写真の人物の輪郭が

膨張して見えるため、忠実に重ね描きしたつもりでも太めになってしまうことが多いようです。動感画では、忠実にそのままを描くことよりも動きの感じが理解しやすいように描くことのほうが重要ですから、意識的に細身に描くことは悪いことではありません。

　横向きの姿ばかりでなくさまざまな角度から見た画も描けるようにしておかなければなりません。前向きと背中向きの違いはシャツの襟の形で簡単に区別できますが、背中向きの場合には背骨に沿ってスッと短く縦線を描き込むことで前向きとの違いがはっきりします。さ

　　前向き　　　　斜め前向き　　　横向き　　　　斜め後ろ向き　　　後ろ向き

らにその線を左右にずらせることで斜めの向き加減が変わってきます。ここではランニングシャツ着用のケースを示しておきます。

体操競技・あん馬の両足旋回のように、両手で支えながら両脚を水平に回す水平面運動では、脚が前にあるのか後ろにあるのかを描き分ける必要がでてきます。下の画をよく見てください。脚が前にでていると思って見れば前にあるように見えるし、後ろにあると思えば後ろにあるようにも見えるのではないでしょうか。しかし、脚が前にあるのか後ろにあるのかと問われると、確信を持って答えることはできないはずです。

この場合、胴体にベルトのラインを描き込むことによって上向きの体勢か下向きの体勢かを明確にさせることができます。すなわち、脚が前にあるときはベルトのラインを上向きに、後ろにあるときは下向きに描くことで脚の前後関係をはっきりと表現することができます。下の画を参考にして描いてみてください。

脚が前にある体勢　　　　脚が後ろにある体勢

■テーマ❷　頭部の描きかたのポイントは何か

頭は顎関節以外は固定化された頭蓋骨でできているので、頭の形として単純な図形をパターン化し、自分のものにしておくことを勧めます。

目や口は顔の表情を表す上ではとても大切ですが、動感画においては、特別な場合を除き、目や口は描かないほうがよいようです。顔の表情を描くのは難しく時間がかかるだけでなく、表情があることによって、本来呈示したい動きかたの感じが横に追いやられかねません。ただし、顔がどの方向を向いているかははっきりわかるように意識して描くことが重要です。

いくつかの例を挙げておきますので参考にしてください。丸い顔に尖った鼻や丸い鼻をつけて顔の向きを表すのでも構いません。スポーツによっては帽子のつばやバンダナを描き込むことによって顔の向き加減を表すこともできるでしょう。図eのように前髪と耳のライ

　　a　　　　　　b　　　　　　c　　　　　　d　　　　　　e　　　　　　f

ン、顔の簡単な輪郭を描くとその顔がどこを見ているのかがはっきりとわかります。さらに、頭の後ろにポニーテールを加えるだけで女性の顔（f）に変身してしまうので、このようなパターン化した顔の絵をさらっと描けるようにしておくととても便利です。

　横顔を描く場合、右手書きの人は左向きの顔が描きやすいようです。これは、額から頭頂、後頭部へと描くときにひらがなの「つ」の字と同じ運筆になりますし、顔面から顎を描くときには「し」の字と同じ運筆になることと関係しているのかもしれません。まず描きやすい向きの横顔を楽々と描けるようになるまでしっかり練習し、その上で反対向きの横顔も描けるようにしておくことが必要です。

■ テーマ❸　　頭の位置や角度で動く感じが変わる

　頭の描きかたで大切なことは、描き上げた胴体の上にどのように頭をのせるかということです。動きの中で頭の位置や向きはとても大きな意味をもっていて、せっかくうまく描けた画でも顔の描きかたひとつで正反対の動きの感じを示すことにもなりかねません。

　ここにいくつかの例を挙げてみましょう。図の（1）は走行中のフォーム、（2）は2人が向き合って腕を伸ばし押し合っている体勢、（3）は膝をかかえ込んだ宙返りの体勢、（4）は懸垂姿勢を描いた図ですが、いずれも頭を描き込んでいない身体の体勢をもとにして、それぞれ頭部だけを異なった位置や角度に描き分けて対比させたものです。頭部の描きかた一つで正反対に近い表現に変わってしまいます。（1）の左下は顎を引き前方を見据えた頭部を描き込むことによって「快走」を表すことになり、右下は顎があがり喘いでいるような頭部の描き込みが「疲れの出た走り」を表現します。（2）の押し合いの図では、向き合った左右の人物の頭部を、顎を引き締めて相手をしっかり見ているものと顎が上がり顔が上を向いてしまっているものとに描き分けてそれぞれ左右を変えてみると、左下の図では左の人が、右下の図では右の人が優勢というように変わってきます。さらに（3）の宙返りの体勢では頭部を腹屈させると前方宙返りに、背屈させると後方宙返りを表す画に変わってしまいます。また（4）の懸垂姿勢ですが、頭部を描き込んでいない同じ体勢に首の位置を変えて2つの絵を描き分けてみると、左下は肩を脱力した長懸垂のように見え、右下は肩に力を入れた短懸垂のように見えてきます。このように頭の位置によって動きの感じのイメージがまったく違ってきてしまうので、運動中の頭の位置はどうなっているのか、顔の向きは

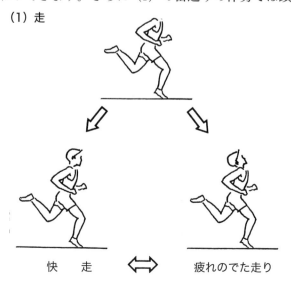

（1）走

快　走　⇔　疲れのでた走り

(2) 押し合い

(3) 宙返り

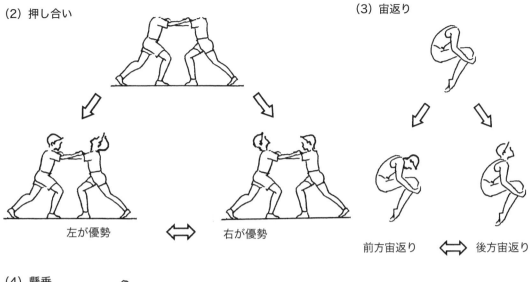

左が優勢 ⇔ 右が優勢

前方宙返り ⇔ 後方宙返り

(4) 懸垂

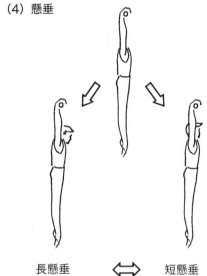

長懸垂 ⇔ 短懸垂

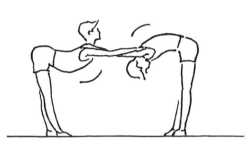

どうあるべきかについて細心の注意を払って描き込むことが大切です。頸反射に示されるように腹屈頭位では背が丸くなり、背屈頭位では胸が反るという原則も認識しておく必要があります。

[描画課題12] 2つの胴体の上にそれぞれ☆印を見ているような頭部を描き加えなさい。

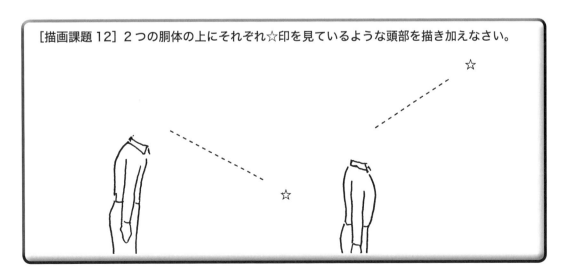

演習12 胴体と頭部の描きかた

テーマ❹　頭部をさまざまな方向からどう描くか

　頭の描きかたでもう一つ難しいところは、真横からの描写だけでなく斜め前や斜め後ろ、さらには上を向いたり下を向いたりといったさまざまな状態をいかに簡単な線で表せるかということです。写実的に目・鼻・口を書き込んだり細かな線を重ねて描いていたのではかなり時間を要するので、それらを描き込まずにシンプルな線でシンボル的に描くことになりますが、頭髪、耳、それに顎の位置を変化させることによってさまざまな向きの頭部を表すことができます。下に示した例を参考にしてください。

　3. は真横から見た画なので上向き・下向きは顔の角度を変えるだけで容易に描き分けられますが、5. 後ろ向きの画は頭髪だけしか見えないため非常に描きにくくなります。頭髪の襟足のラインと耳の位置で描き分けるといくらか区別がつきます。種々な角度からの頭部の描き分けかたを短時間でサッと描けるように工夫し身につけておきたいものです。

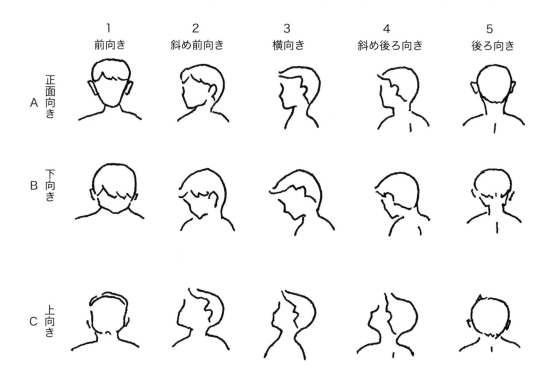

> まとめ

　動感画においては、運動者の目線がどこに向いているのかをしっかり意識して、頭を一番最後に最適の位置を定めて慎重に描き込むことが仕上げのポイントです。頭を最初に描いてしまうと、頭に対しての身体各部位の大きさや体勢が制約を受けて描きにくくなったり、身体の動きのイメージがしっくりと表現しにくくなることがあります。体の反りや曲げがしっかりと表現された胴体の上に目線を意識した頭部をうまく描くことができるかどうかが、生き生きとした動感画に仕上がるか否かの分かれ道といってよいでしょう。

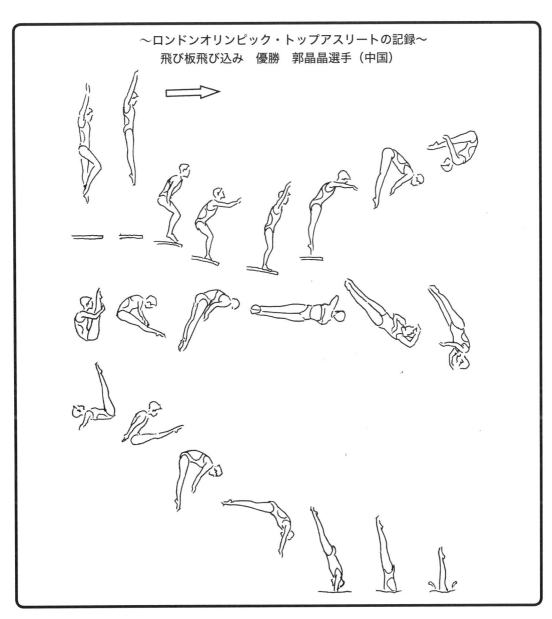

～ロンドンオリンピック・トップアスリートの記録～
飛び板飛び込み　優勝　郭晶晶選手（中国）

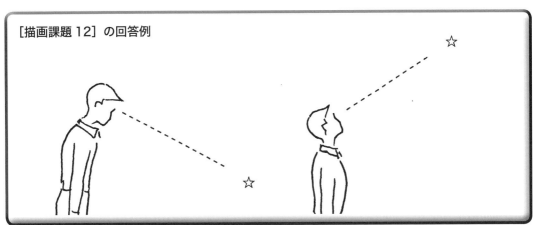

［描画課題12］の回答例

演習12　胴体と東部の描きかた

演習13　四肢の描きかた

> **ねらい**

　胴体からつながった腕や脚が運動の細部を決定づける働きをします。左右の腕や脚の動きがうまくバランスをとれているか、腕と脚がバランスよく動いているかが運動の質を左右しますので、動感画では四肢の動きの特徴を捉えてうまく描き上げられることが重要です。

■テーマ❶　脚と腕はどのように描くのか

　脚を描くときには腰と膝、足首の関節の曲げ具合でその運動の本質的な動きかたが表現されますから、身体全体との長さや太さのバランスをよく考えて描かなければなりません。特に膝関節と足首のくびれによって大腿や下腿の筋肉の力の入りかたまで表現できますので、動かしている筋肉を意識しながら描くとよいでしょう。

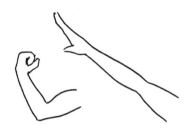

　腕の描きかたも脚と同様に、肩、肘、手首の曲げ具合や上腕、前腕の筋腹の盛り上がりを意識して描けば迫力のある動感画に仕上がるはずです。

　手や足の指先は、あまりきっちりと輪郭を描かないようにするのも描きかたのひとつのテクニックです。引かない線というのもあるのです。描かないことによって見る人の感じ方に余韻を残すことができ、空白の中に美しさや鋭さ、勢い、大きさなどを表現することができます。かといってすべてに画一的に描かない部分を残せばよいというものでもありません。

■テーマ❷　開脚の度合いをどのように描き表せばよいか

　横から見た開脚姿勢ではその開脚の度合いによって脚の長さが違ってきますので注意が必

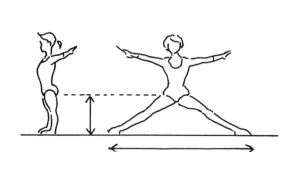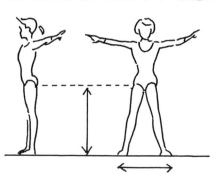

要です。横向きと正面向きの画を対比して脚の長さの違いを確認してください。

　身体全体の動きが描写できたあとに脚や胴体の長さとのバランスに再度目を向けて全体的に自然な仕上がりになっていることを確かめましょう。身体各部位の長さや太さのアンバランスは、動きの感じを呈示する画とは縁遠いものになってしまいます。描きかたに慣れないうちは、脚や腕の長さが短すぎて、膝や肘はどこにあるのだろうと首を傾げたくな

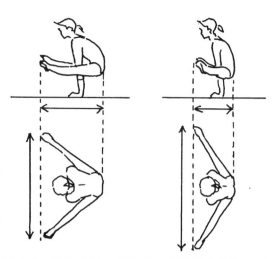

るようなケースもままあることなので、大腿と下腿の長さや足の大きさにも注意を払う必要があります。

テーマ❸　手足をどのように描けばよいか

　体を支えるのが手首であり足首ですから、動きの中でも手首、足首がどのような働きをしているかしっかり捉えて描かなければなりません。重量挙げのようにバーを提げたり上に挙げて支えたりするときの形態は、鉄棒にぶら下がったり支えたりするときの手首の形態と正反対になります。このことが手首の描き方の重要性を教えてくれます。右の画を見て確認してください。

ぶら下がる　⇔　持ち上げる

　芸術的なスポーツでは足首や指先・爪先の美しい線を描けることも必要になってきますので、手首と足首のいくつかの例を挙げておきます。

支える　⇔　提げる

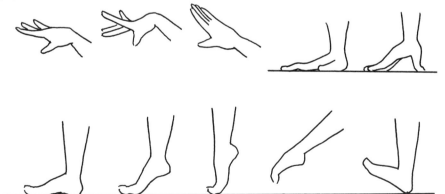

　球技では、ボールを投げたり蹴ったりするときに、その動作の最後に大きな役割を果たしているのが手首や足首の動きです。投球動作では肩や肘から伝えられた動きが最後に手首

を残すことによって、その後の指先のコントロールを生み出します。手首のスナップでボールの方向性や強さが決まってくるので、投球の動きの感じを表す上で手首の描きかたは無視できません。バットやラケットあるいはゴルフクラブを振る場合にも、打つ瞬間の手首の返し（リストターン）がボールの方向性や球質の決め手になりますから、しっかり手首の動きを観察して描けるようにしたいものです。ここにいくつかの手首の動きの画を示しておきますので参考にしてください。

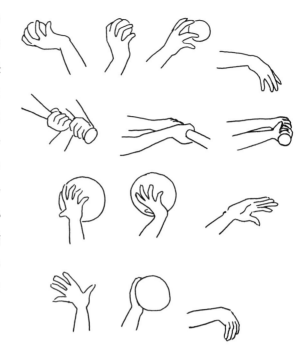

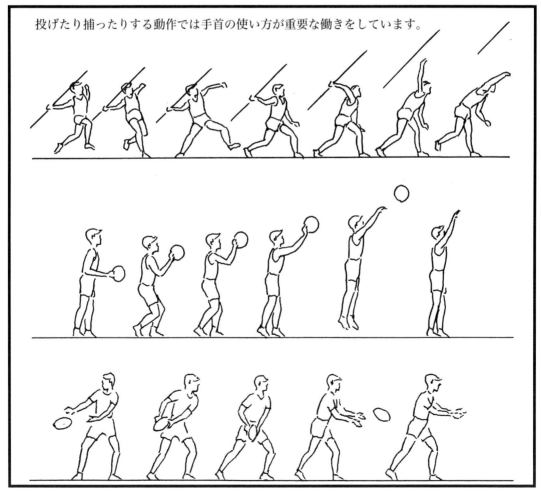

投げたり捕ったりする動作では手首の使い方が重要な働きをしています。

[描画課題13] 下の「馬跳び」の一コマを線画で描きなさい。
　　　両脚の開脚度によって脚の長さが変わってくることを意識して描きましょう。

室伏広治選手のハンマー投げ＝ロンドンオリンピック　3位＝

　ハンマー投げでは回転中の腕の緊張感と放った後の解緊の様子は動きの感じを表す上で大切です。

内村航平選手の床運動＝ロンドンオリンピック個人総合優勝＝

　体操競技などでの回転運動や身体の長軸回転（ひねり）の運動では、腕の動かしかたが重要なポイントになります。

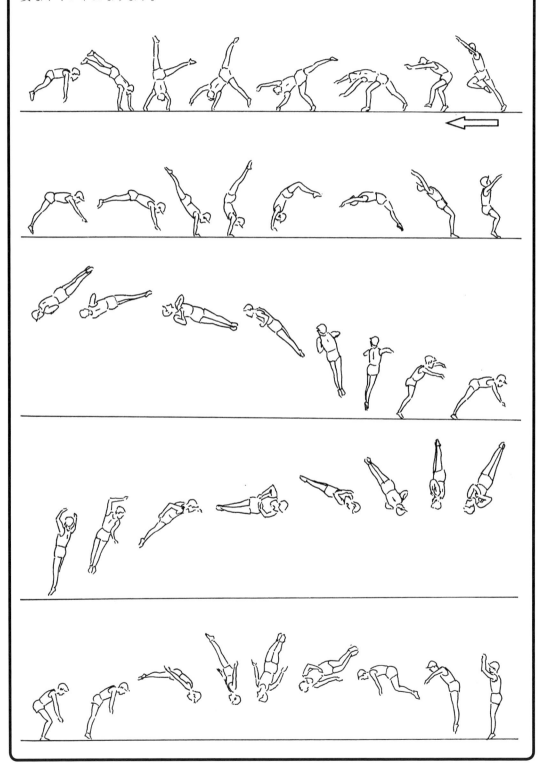

カナエワ選手（ロシア）＝ロンドンオリンピック個人総合優勝＝

ターンや開脚での脚の描き方は簡単ではありませんが、この角度からみればこうなるという立体的な見方ができれば動きをうまく表すことができます。想像力を働かせて描くことが大切です。

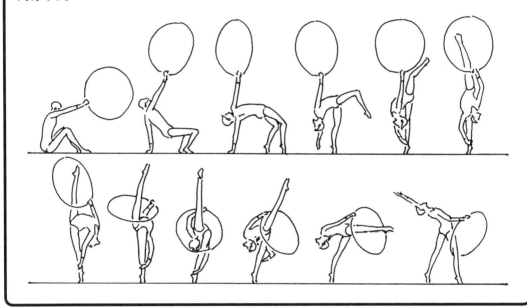

まとめ

ここまでに身体の動きの描き方を一通り学んできました。もう胴体の描き方、腕や脚、手足の細かい動き、頭部の描き方すべてを一つのまとまった動きの形態として表現することができると思います。あとは胴体に対する頭部や四肢の長さ、手足の大きさなどのバランスを意識して描き上げていけば立派な動感画につながっていくことでしょう。動きを観てこまめにスケッチする習慣が身につけば上達も早いと思います。

[描画課題13] の回答例

演習13 四肢の描きかた

 # 輪郭画と線画の描きかた

ねらい

　実際に動感画を描く段になると多少の戸惑いを覚えることもあるでしょう。描き方の手順を覚えておけばとりかかりやすくなります。運動学習の現場では、ていねいに描く輪郭画より動きの特徴を捉えた線画で動きを表せるほうが実用的で便利です。輪郭画だけでなく線画もしっかり身につけておきたいものです。

テーマ❶　輪郭画の描きかた

　はじめに基本的な姿勢として直立（横向き、正面向き、背面向き、斜め前向き）、座（正座、長座、かかえ込み座）を輪郭画で描いてみます。

　描きかたは、まず床（地面）を示す基本のラインを引いておきます。走り高跳びや鉄棒などの場合はバーの高さを示すラインが基本線となります。この基本線に対して肩や腰の位

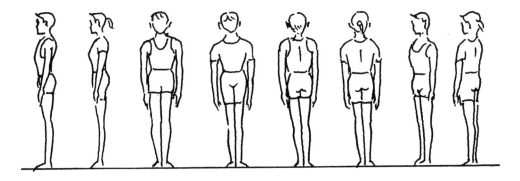

置がどの辺にくるのか、手はどのあたりに収めるのかなどを念頭において体躯を描き、最後にその身体に釣り合った大きさの頭を描き上げると均整のとれた画になります。頭を描くときはどこに目線が

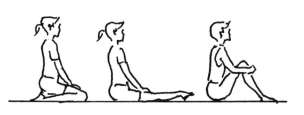

いっているかを意識して頭の向きを決めて描くことが重要で、このことで生き生きとした動く感じを注入することができるといっても過言ではありません。「臥龍点睛を欠く」といいますが、動感画では頭部の描き込みが龍の目玉の役目をしていると考えてよいでしょう。身体各部位の長さや太さはバランスに注意して描いていきますが、納得のいくまで細かく修正を重ねて仕上げることが大切です。

　初歩段階の描きかたの手順としては、描きはじめにおおよその輪郭を鉛筆で薄く描き、下

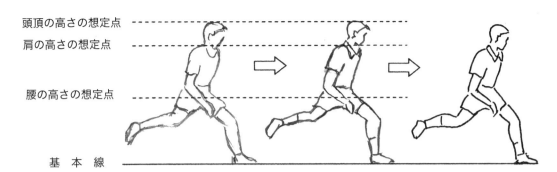

絵がまとまったら少し濃く上描きします。再度全体のバランスを確認した上でその上からペンや筆で仕上げます。蛇足になりますが、鉛筆の下絵を消しゴムで消すときはインクがしっかり乾いてからでないと折角の画が台無しになってしまいます。

【静止体勢の描き方の注意点】

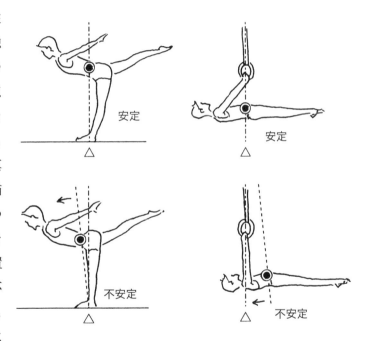

　次に静止技の描きかたで注意しなければならない点に触れておきます。片足立ちやつり輪の水平懸垂などは支持点と体の重心位置の関係に気を配って描く必要があります。片足立ちの場合は支持足の真上に重心位置がくるように描かなければなりませんし、つり輪の正面水平懸垂では輪を握っている手の下に腰の位置がくるように描かなければ不安定な画になってしまいます。ありえないような体勢の画にならないように注意して描くことが大切です。

テーマ❷　輪郭画から線画への描きかた

　運動伝承の現場では、輪郭画よりむしろ線画で素早く動きの感じを描くことのほうが実用的ですから、線画の描きかたをしっかり身につけておきたいものです。

　まず、写真や輪郭画を用意します。動きの中で身体の各関節は重要な役割を果たしているわけですから、肩、腰、膝、足首、肘、手首の関節の位置をほぼ輪郭画の中央の位置に定めてそれぞれの関節を１本の線で結ぶようにします。ただし、その結び方が直線ですとスティ

演習14　輪郭画と線画の描きかた

ックピクチャーになってしまい、動く感じは表せなくなります。繰り返しになりますが、胸が反っているときは胸側のラインを、背中が丸くなっているときは背中側のラインを意識して、まず上体のラインを描きます。腰から足先までは膝の関節を通って足の先まで1本のラインで描きますが、大腿部はこころもち前面をふくらませ、下腿は後ろ側のふくらはぎの筋肉をイメージして後ろにふくらませる感じで描くと整った脚部に仕上がります。

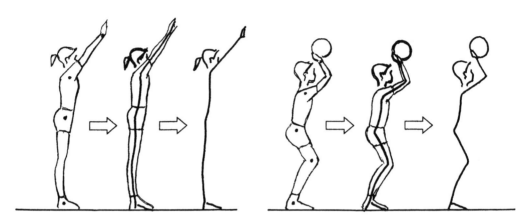

腰に角度がついているときは腰の位置がはっきりわかりますが、腰が真っ直ぐに伸びている場合は、腰から脚へのつなぎの部分がのっぺらぼうになりやすいので注意を払って描く必要があります。どこからが脚なのかがわかるようにするには、腰の位置にちょっとしたアクセントをつけて大腿のラインにつなげるとよいでしょう。腰のアクセントは大殿筋のでっぱりをイメージして描くのですが、でっぱりがあまり過剰にならないようにしたほうがよいでしょう。

足には踵を付けるようにします。この踵は足の大きさを表すだけでなく、脚がどちらを向いているかを表す上でも欠かすことができません。特に芸術的なスポーツでは動きを表す上で重要です。複雑な動きや開脚動作のときなどは踵の向きが逆になってしまわないように気をつける必要があります。前後開脚倒立のよ

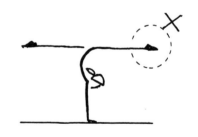

うな場合には、描いた後に紙を逆さまにして見ると誤りが確認しやすいと思います。紙を逆さにして描き込むのも誤りを防ぐ方法の一つです。

次いで肩から腕を描き足しますが、脚と同様に肘の位置を意識して手の先まで描きます。手先は親指をちょっと描き加えることにより手の平がどちらを向いているかを表すことができます。

テーマ❸　左右の脚・腕の描き分けかた

両脚が揃っているときは問題ないのですが、運動を横から見て脚や腕が前後に開いている

場合は、左右の脚や腕を区別できるように描かなければなりません。手前側の脚は腰から続けて描きますが、向こう側の脚は腰から少し離して描くと左右の脚が判別できます。

腕の描きかたも脚部と同様に向こう側の腕は肩から離して描きます。左右開脚の間に両手を支えた姿勢では図のように手前と奥の関係がわかるように描かなければなりません。

テーマ❹　正面や斜めから描く線画

横から見た動きは、これまで示したように単純な1本の線で表すことができますが、斜め方向や正面、背面から見た動きは1本の線で表すというわけにはいきません。肩幅を描き込み、できるだけ単純な描きかたの工夫が必要です。

では、輪郭画を基にして描く線画の仕上げに入ってみましょう。いくつかの動きのポーズ

演習14　輪郭画と線画の描きかた　83

をシルエットにしましたので、このシルエットの上からその体勢を強調した線画で重ね描きしてみます。学んできたことを生かし、左右の手足が判別できるように注意して描きましょう。

身体の反りや曲げの動きは、輪郭画より線画のほうが強調して描きやすく、動きの感じを表現するのに好都合です。

[描画課題14] 下の画は直立から1歩めを踏み出そうとしている姿を表した画です。
　この絵を線画に描き換えなさい。左右の手足がはっきり判別できるように注意しましょう。

対人競技を輪郭画で描くと込み入った画になりやすいのですが、線画にするとすっきりして動きのポイントがわかりやすくなります。

> まとめ

　動感画では動きの特徴を見抜いて、それを誇張して画にすることが大切です。それには輪郭画よりもむしろ動きのメリハリを強調して描いた線画のほうが動く感じを伝えるのに向いていることがわかったと思います。左右の腕や脚の描き分けかたもしっかり身につけて、動きの特徴を描けるようにしておきたいものです。

[描画課題 14] の回答例

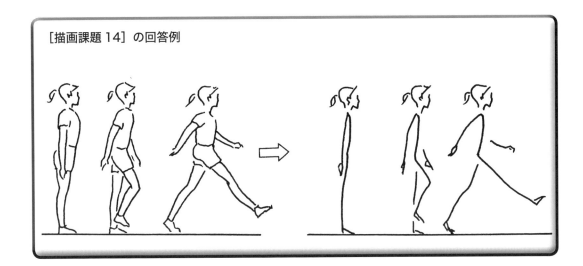

演習 14　輪郭画と線画の描きかた

演習 15　線画と連続画の描きかた

ねらい

輪郭画や写真に頼らずに、さまざまな動きを観て直接線画を描けるようにしておかなければ実用的ではありません。線画の描きかたをしっかり身につけて、指導現場で動きの感じを効果的に伝え合うことができるようにしておきましょう。その上で、動きの感じをより明確に伝えられるように連続動感画の描きかたもマスターしましょう。

テーマ❶　直接描く線画の描きかた

写真や輪郭画を下敷きにすればバランスの良い線画を描くことができますが、指導現場ではそれはできません。その場で見た動きや頭の中で想像した動きを直接線画に表せるようにしておかなければなりません。基本的には動く感じを捉えて輪郭画のスケッチを描くのと同じ要領で描いていきます。

床上に立つ姿を描く場合には、まず床のラインを基準線として描いておきます。腰の位置を想定した上で肩の位置を定め、その点から腰の想定点を通過させながら床上に接する足まで描き下ろします。次いで肩から腕を描き足し、最後に頭を描きます。頭を描くときはどこに目線がいっているかを意識して頭の向きを決めて描くことが大切です。

倒立の場合には、肩・腰・足先の位置を想定した上で、まず肩の位置から腕を床まで描き下ろし、次いで肩から腰の想定点を通過させて足の先まで一気に描き、最後に頭の起こし具合を定めて頭部を描き込みます。描き順を示す下の図には肩・腰・足の想定点（・）と高さを示す点線を入れてありますが、実際にはこのような補助線や点は描き込まずに頭の中で想定して描きます。

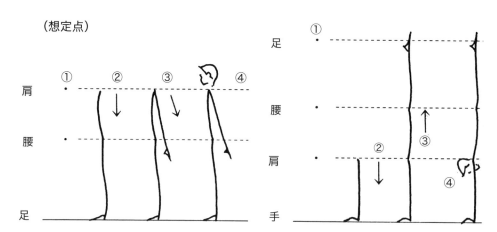

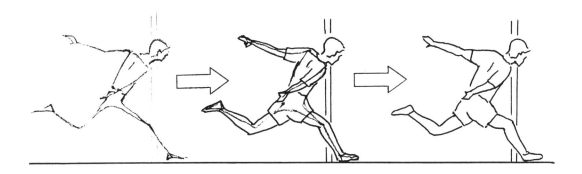

テーマ❷　線画から輪郭画への描きかた

　線画を基にしてこれに肉付けして輪郭画を描く描きかたは、(2)輪郭画から線画への描きかたの逆ですが、ほとんど要領は同じです。線画の上に鉛筆で肉付けした輪郭画を下描きし、ペンや筆でなぞって仕上げ、鉛筆の下絵を消せば完成です。胸を反らせた姿勢や背中を丸くした体勢など、動きの感じをはっきりと呈示できるように描き、動きの特徴がぼやけてしまわないようにすることが大切です。慣れてくれば下描きなしに直接輪郭画を描くこともそう難しくなくなります。ただ、シンプルな線画から肉付けをする際に、そのスポーツに相応しいユニフォームを着せ、さらには男女の区別も描き分けられるようにしたいものです。

　競技会などで動きを線画でスケッチし、後から輪郭画に描き直すことなどの活用の仕方もありますし、この描きかたをしっかりマスターしておくと連続動感画を描く際には線画で配置をきめて全体的にまとまりのある連続画に仕上げることができるので便利です。

テーマ❸　連続動感画の描きかた

　一つの技や連続した動きを連続図で描く場合には、学習者に動きの感じをつかませるようなものでなければなりません。前にも述べましたが、高速撮影から得た一連の画像をたくさん並べても、生き生きした運動の本質に迫ることはできません。画像のコマ数を増やして並べれば並べるほど、逆に生き生きした動感呈示から遠ざかっていってしまうということを、再確認しておきましょう。

　動感画の中に動きかたの感じを呈示するためには、数多くのコマを示すのではなく、その動きかたをわからせるための必要最小限のコマを精選して描くことが大切です。

　次頁に挙げた連続図はビデオで撮影されたゆか運動「開脚伸身前宙」を線画で描いたものです。図Aは開始から直立に戻るまでの35コマをそのまますべて並べてありますが、図Bはその中から7コマだけピックアップして並べたものです。どちらのほうがこの動きの感じを理解しやすいでしょうか。多くのコマを並べた図Aよりも、特徴的なコマにしぼって描いた図Bのほうが、上体の振り下ろし、脚の振り上げ、着地前の体の反り込み、運動のリズム感等、動きの感じを強く印象づけることができます。

図A

① ② ③ ④ ⑤ ⑥ ⑦
図B

　図ABの各コマの対比でもわかるように、図Aの35コマの中から図Bの7コマを選び出すとき機械的に5つめごとのコマを抜き出して描けばよいというものではありません。どうしても省けないコマを選び出す必要があります。

　①上体を上に高く引き上げた開始の体勢
　②上体を振り下ろして前脚に体重を乗せて、後ろ脚を振り上げるためのエネルギーを溜め込んだ体勢
　③振り上げ脚の上昇に伴い頭がもっとも低くなった体勢

④けり脚の膝が伸びきって、ゆかから離れる瞬間の体勢

⑤開脚を保って回転し、逆位になった体勢

⑥上体を強く反らせて、けり脚を上方に残したまま着地に向かう体勢

⑦片足着地に入った体勢

と、どのコマもこの技を理解する上で欠かせない局面です。このように選び出された7つの局面以外の中間的な局面を省くことによって、この技の動きのスピード感やリズム感が浮かび上がってきます。

ではどのコマを抽出するのが適当かという問題に触れておきましょう。

鉄棒、マットやトランポリン、飛び込みなどでの回転運動は、開始の体勢から1回転360度を60度ごとに追っていけば6コマで開始の体勢に戻ることになります。しかし一定の時間や回転角度を定めてコマを選び出したり、真上、真下、水平等を通過する時点の体勢を意味もなく取り上げるのは動きの感じを示す上で有効ではありません。機械的にコマを選ぶのではなく、体勢変化の特徴的な局面に着目してコマを選定する必要があります。

先に開脚伸身前宙で選定した7つのコマについて解説したように、運動中の腰や肩の角度がもっとも広がった体勢や狭くなった体勢、体の部分が器具や床から離れたり接触したりする瞬間の体勢、体の部分がもっとも高くなったり低くなったりする体勢、その動作の開始や終末の体勢等、その動作をおこなう上で鍵となる局面を欠かさないようにします。複雑な動きでは当然選定するコマは多くなりますが、一般的には回転運動に限らず、おおむね7コマ前後の局面を選んで動感画を作成するのが適当です。

学習者の運動修正作業の中で指導者に求められる〈動く感じを模倣して欠点を呈示すること〉に代えて、動感画によって動感呈示をする場合には、当然のことですが、学習者の動く感じをしっかり感じとって問題点を浮き彫りにすることが必須条件です。

そのために重要な意味を持つ特徴的な体勢の各局面について、理想像との比較をしながら示していくことが効果的でしょう。

連続動感画を描く際には、まず線画で連続画の下描きをして収めるべき紙面の中に各コマの全体配分を調整します。予定の紙面に連続画がぴったり収まるように鉛筆でスケッチし、消しゴムで修正しながらコマとコマの間隔の不揃いや終わりの空白が生じないように下絵を仕上げます。

コマ数が多くどうしても予定の画面に収まらない場合には1コマの大きさを小さくして収まるように調節して描くことになります。一連の動きを演技譜として描き残したい場合はこの線画をもとにして輪郭画を仕上げるという手順です。

人物の大きさの不統一は線画（下絵）の段階できちんと確認し揃えておかないと、後からでは直しようがなくなるので気をつけなければなりません。はじめのうちはなかなかバランスよく収まらないことがありますが、慣れるとカンが働き上手く収めることができるように

なりますので、やはり数多く描く練習をすることが大切です。

［描画課題15］さまざまなスポーツの中から興味のある（なじみのある）スポーツを選び、そのプレイを一つ取り上げて動きの感じがわかるように5コマの連続図で描きなさい。

---

① 描き上がった画を互いに発表し合い、それぞれの画について動きの感じが上手く表されているところ、感じが表されていないところを指摘し合いましょう。討論の中から修正すべきところを確認し、同じ動きを描き直してみましょう。
② 他の人が選んだスポーツのプレイについても、討論の内容を参考にして動きの感じが出せるように描いてみましょう。

まとめ

最後に連続動感画作成上の留意点をまとめておきます。
1. 運動の基準線（地面やゆか、器具の高さ等を揃えるための線）を引き、各局面をその線に揃えて描く。
2. 原則として左から右へ運動が進むように描く。
3. 各局面間の絵のバランスに注意して描く（大きさの不揃い、間隔の不統一等がないようにする）。

　動感画の作成は運動の学習と同様、数をかけて繰り返し練習するだけでなく、後から見直して修正を欠かさないことが大切です。その前提としては、極力動きの伝承現場で生きた動きに接し、動く感じの分析能力を磨いておくことが重要です。

連続動感画は横に並べて描くのが一般的ですが、運動によっては縦に並べて描いたほうが動きの感じをつかみやすくすることもあるので臨機応変の工夫が必要です。

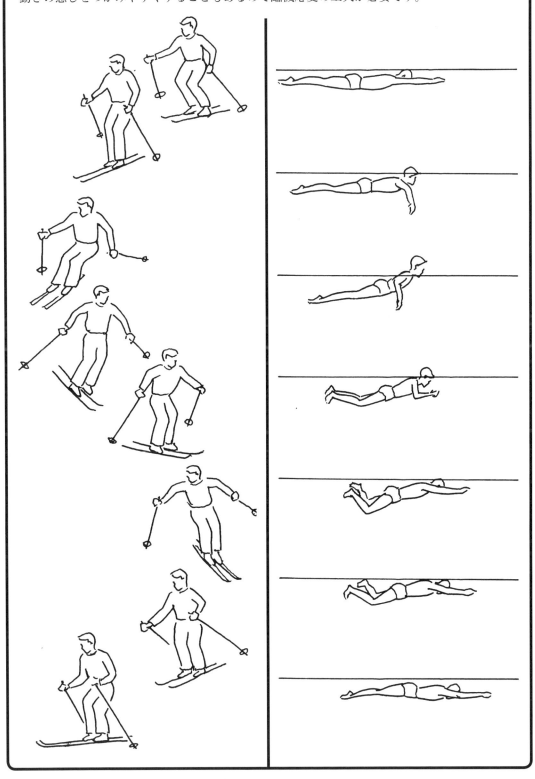

バドミントン　佐々木翔選手［ロンドンオリンピック・男子シングルス・ベスト 8］

92　第 1 部　「動きの感じを描く」演習

動感画の
描写テスト

　日頃のトレーニングや学習活動の中で他の選手の動きを観察しながら、「ここは素晴らしい」「あそこはまだ問題がある」「今までの動きとここが違っていた」「上手くいくときの共通点はここだ」などとさまざまなことに気づくと思います。このように他人の動きを意識的に観察する習慣づけは指導者だけでなく学習者にとっても大変重要なことです。生の動きと同様に、描かれた画を見てその画が正しい運動経過を示しているのか、あり得ないおかしな画なのかを判断したり、おかしな部分を修正したりする習慣をつけておくことは運動観察能力を高める上でも大切なことです。次頁から、いくつかの描画法テスト問題を挙げておきます。

　運動の構造をどの程度理解できているのか、また、自分の動く感じをいかに引き出して、適切な動感画を描くことができるか。他人の動きを観ながら動きの長所・短所を動感画として構成することができるかを確認するためのものです。

　きっと指導者としての動きの感じを呈示する能力の向上が図れることと思います。ぜひ挑戦してみてください。少なくともここで取り上げられた動きについての認識が深まるはずです。そして他の動きについても注意深く観察する習慣が身についてくることでしょう。

（解答は第Ⅱ部の連続図の中から探してください。）

問題1　(2)に習って(1)(3)に示された体勢を横向きで描きなさい。
線画、輪郭画のどちらでも構いません。

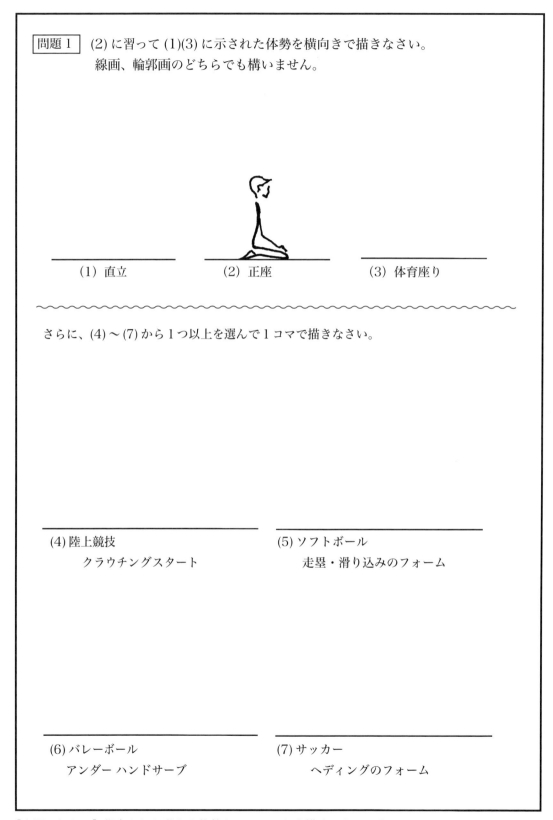

　(1) 直立　　　　　(2) 正座　　　　　(3) 体育座り

さらに、(4)〜(7)から1つ以上を選んで1コマで描きなさい。

(4) 陸上競技
　　クラウチングスタート

(5) ソフトボール
　　走塁・滑り込みのフォーム

(6) バレーボール
　　アンダーハンドサーブ

(7) サッカー
　　ヘディングのフォーム

【出題のねらい】指定された動きや体勢をバランスよく描くことができるか。

動感画の描写テスト

問題3　各連続動感画の中に空白になっている箇所があります。その空白にふさわしい体勢を描き足して連続図を完成させなさい。

【出題のねらい】描かれていない局面はどのような体勢にあるべきかをその前後の体勢から想起して適切な体勢を描き込むことができるか。

問題4　各連続動感画中の★印の体勢には技術的な欠点があります。その欠点を探し出して赤で正しい体勢に描き改めなさい。

【出題のねらい】一連の動感画の中から実施上の技術的な欠点を見つけ出して正しい動きに修正することができるか。

問題5 下の画はそれぞれの動きの中から2コマだけを取りだして描いたものです。あと2コマを加えて、動きがよりわかるように4コマの動感画に仕上げなさい。

【出題のねらい】正しい技術を理解した上で技の全経過を指定されたコマ数の中に配分し動きの感じを引き出せるように上手く描けるか。

第Ⅱ部
基本的な動きの動感画

　ここでは、基本的な動きの動感画を呈示しておきます。初めに取り上げるのは「構造化形態の体系」(『身体知の構造』／金子明友／明和出版)に沿って代表的な動きを抽出し、連続動感画として呈示します。また、水上競技、氷上競技、雪上競技についてもいくつかの例を取り上げておきます。

　取り上げた動きはそれぞれ上段に輪郭画、下段に線画を対比させてあります。運動伝承の現場では即座に動きの感じを描き表せることが重要ですが、輪郭画よりも線画で示したほうが効果的です。また、真横からだけでなく、斜め向きや正面向きの体勢も躊躇なく自在に描けるようにしておきたいものです。上段の輪郭画と下段の線画を見比べながら線画の描き方の参考にしてください。ここに示す線画はあくまでも例示にすぎませんので、独自の描き方を工夫して指導の現場で駆使していただくことを期待します。

1. 這う …………100
2. 転がる………101
3. 歩く …………104
4. よじ登る……108
5. 走る …………112
6. 跳ぶ …………115
7. 投げる………122
8. 捕る …………127
9. 押す ┐
10. 引く ┘…………130
11. 打つ …………134
12. 突く …………145

《スケート》………149
《スキー》…………153
《水泳》……………159

1. 這う —（1）高這い

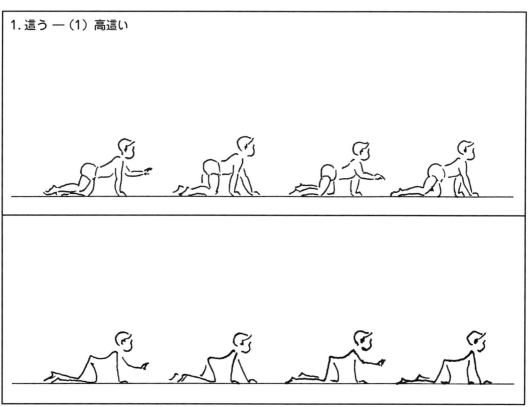

1. 這う —（2）寝返り

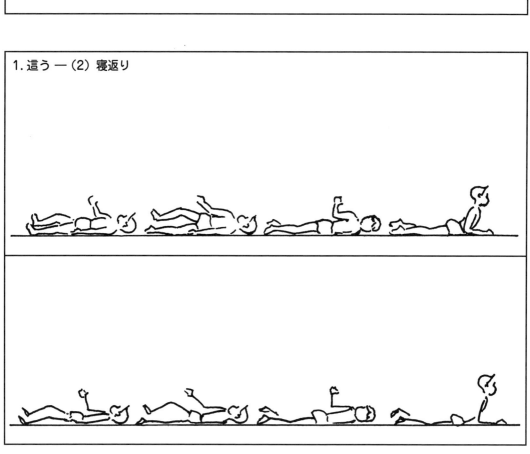

2. 転がる ―(1) 前方転がり ― ①前転

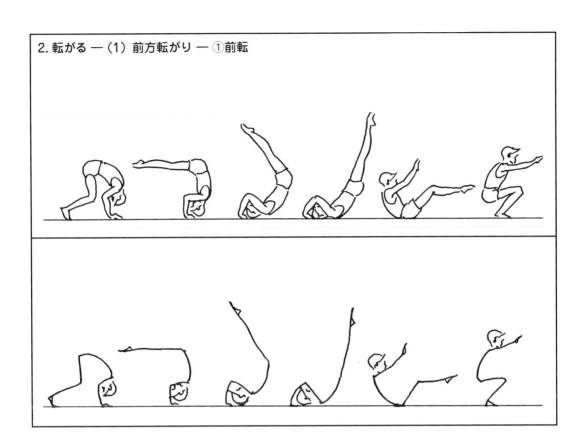

2. 転がる ―(1) 前方転がり ― ②倒立―伸膝前転

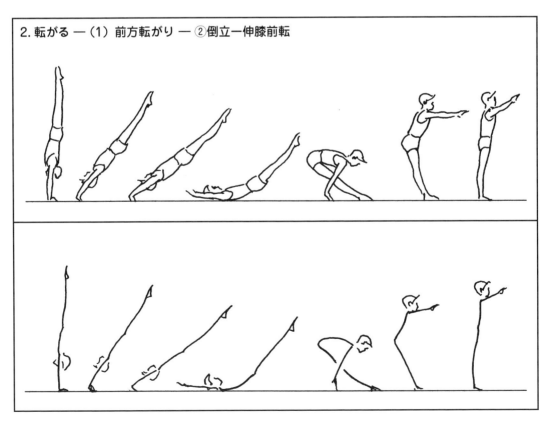

2. 転がる ─ (1) 前方転がり ─ ③前方回転受け身

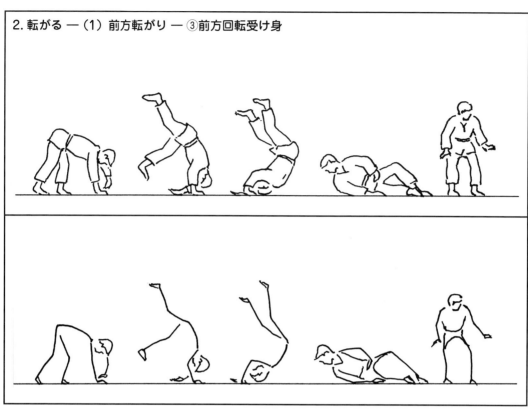

2. 転がる ─ (2) 後方転がり ─ ①後転

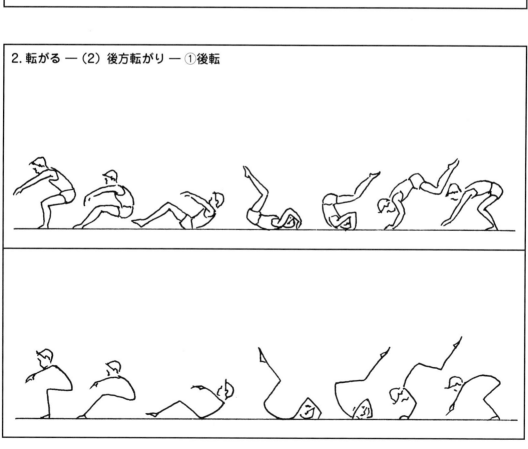

2. 転がる ─ (3) 側方転がり ─ ①側転

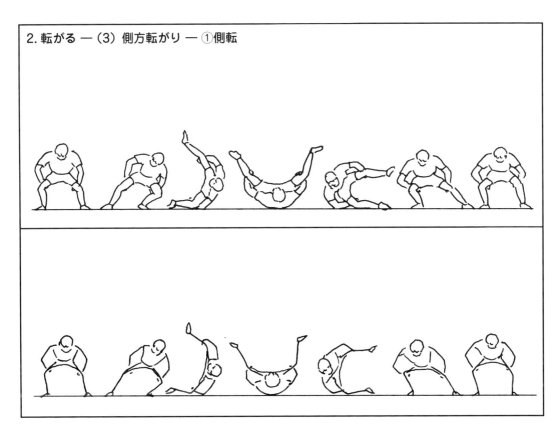

2. 転がる ─ (3) 側方転がり ─ ②回転レシーブ

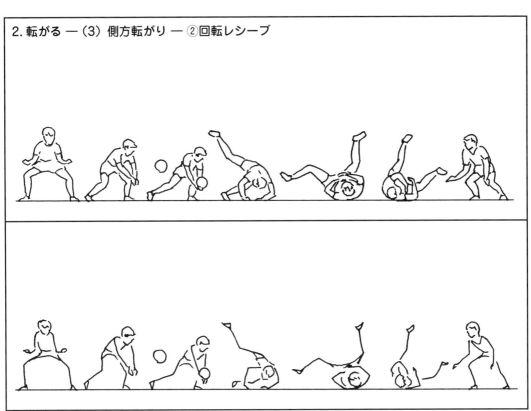

3. 歩く ー（1）歩く ー ①正常歩

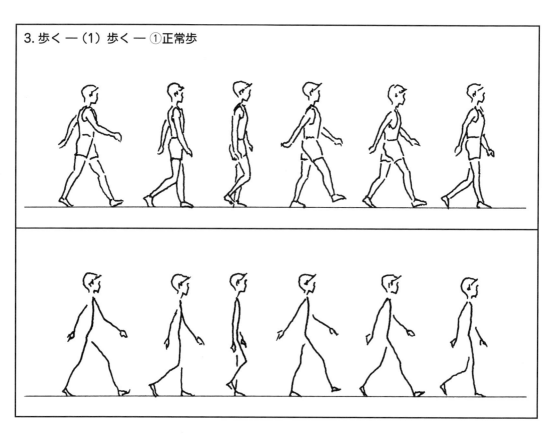

3. 歩く ー（1）歩く ー ②競歩

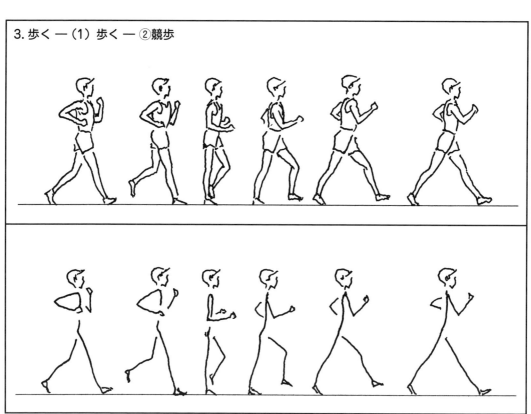

3. 歩く — (1) 歩く — ③平均台の歩行

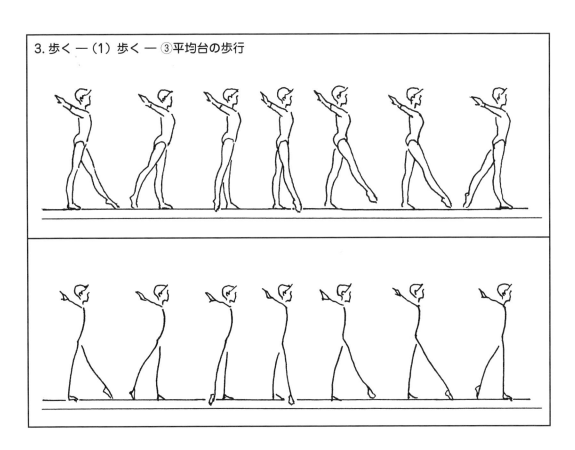

3. 歩く — (1) 歩く — ④ナンバ歩き

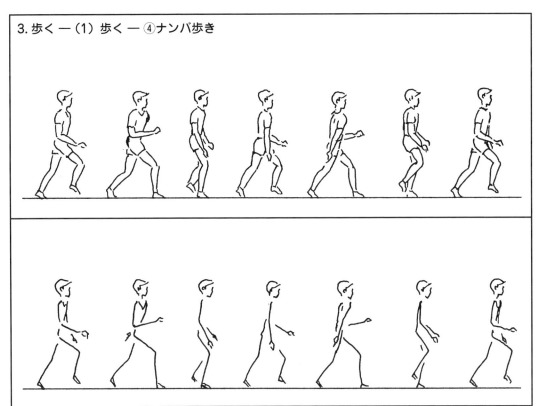

3. 歩く－（1）歩く－⑤抱え運び

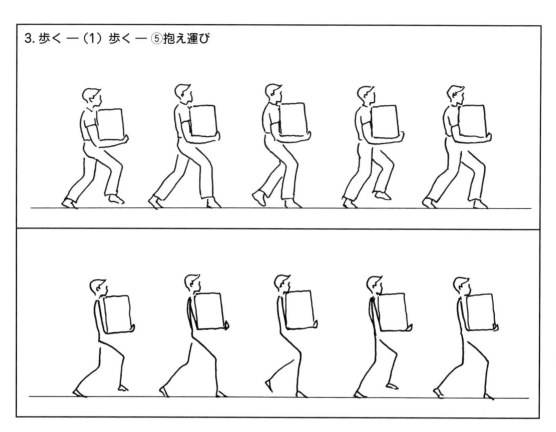

3. 歩く－（1）歩く－⑥ひき運び

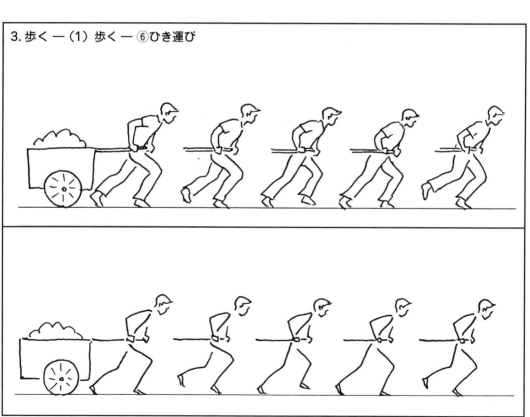

3. 歩く ー (2) 登り下り ー ①階段登り

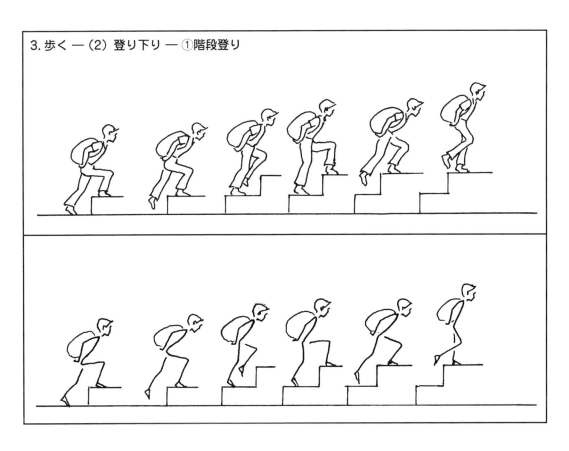

3. 歩く ー (2) 登り下り ー ②階段下り

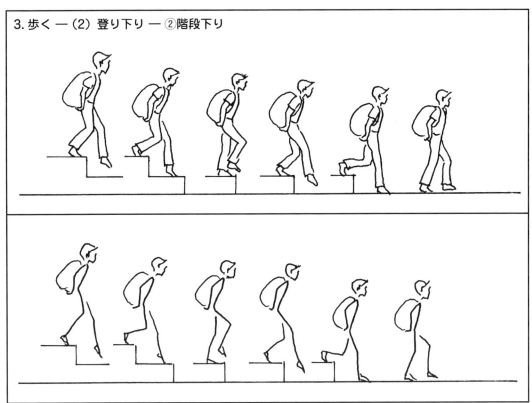

4. よじ登る ― (1) よじ登り下り ― ①棒登り

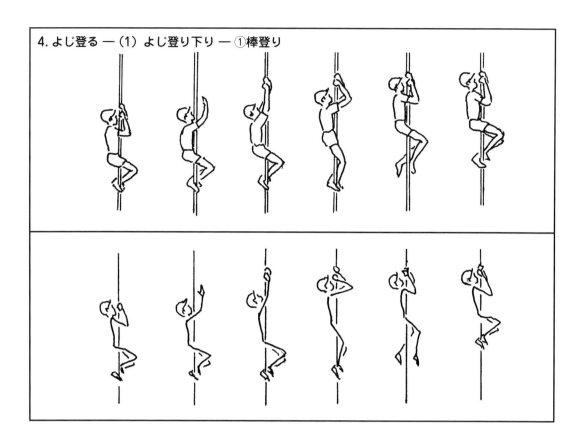

4. よじ登る ― (2) 手登り下り ― ①クライミングロープ

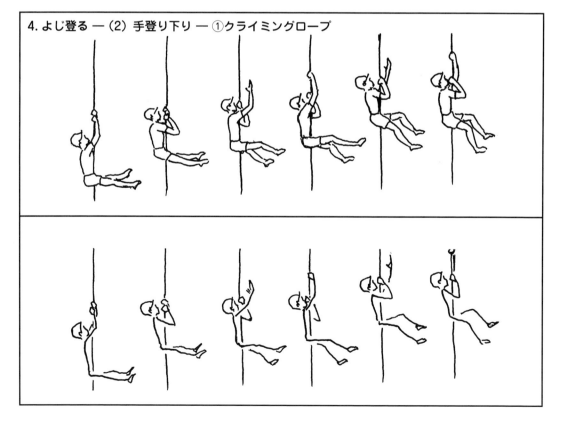

4. よじ登る —（3）懸垂振り渡る — ①雲梯渡り

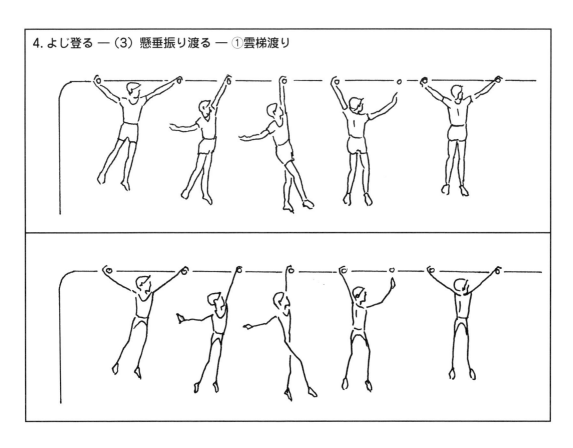

4. よじ登る —（3）懸垂振り渡る — ②雲梯とび渡り

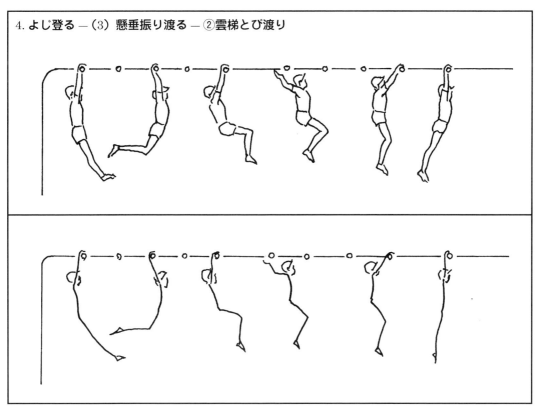

4. よじ登る ―（3）懸垂振り渡る ― ③ほん転逆上がり

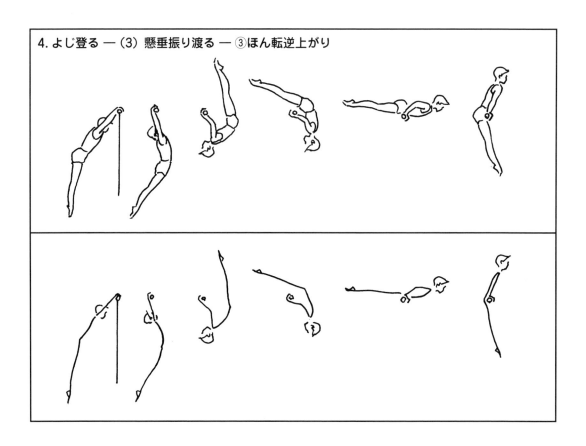

4. よじ登る ―（3）懸垂振り渡る ― ④け上がり

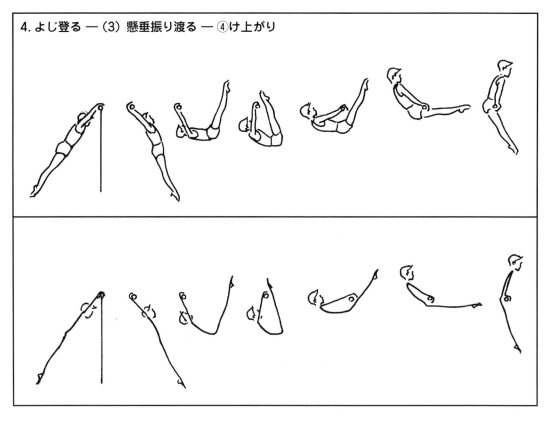

4. よじ登る ―（3）懸垂振り渡る ― ⑤前方支持回転

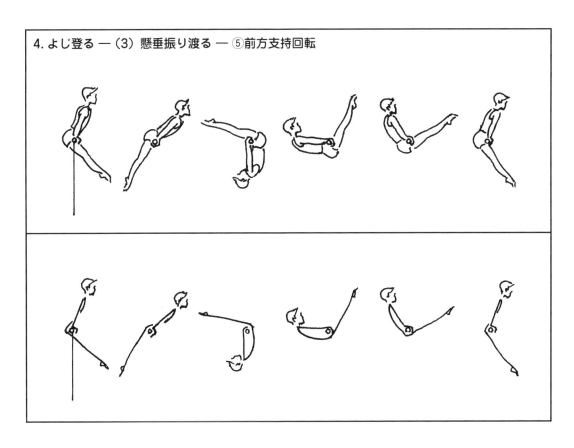

4. よじ登る ―（3）懸垂振り渡る ― ⑥後方支持回転

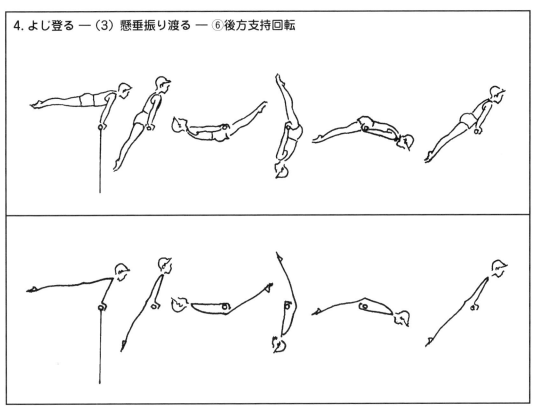

5. 走る —（1）直進走 — ①スプリント走

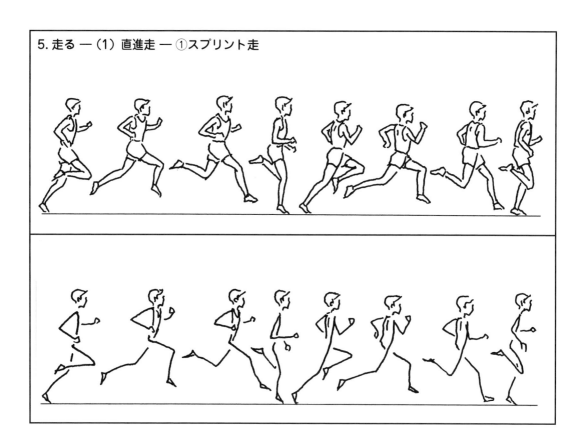

5. 走る —（1）直進走 — ②ジョギング

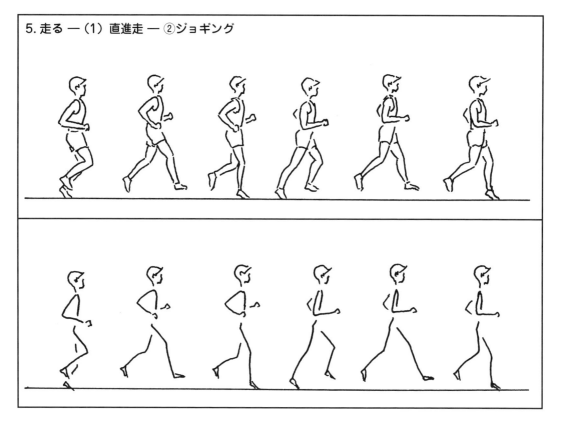

5. 走る — （1）直進走 — ③ハードル走

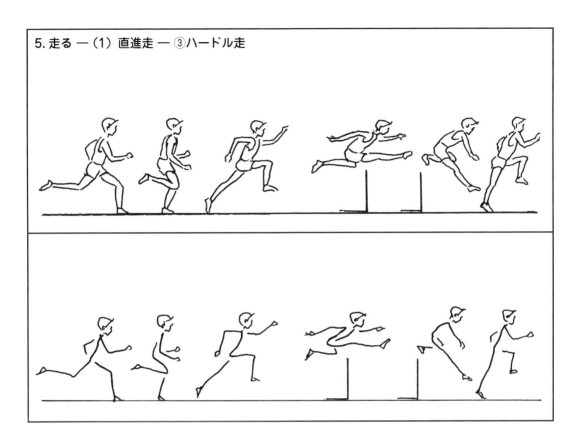

5. 走る — （1）直進走 — ④クラウチングスタート

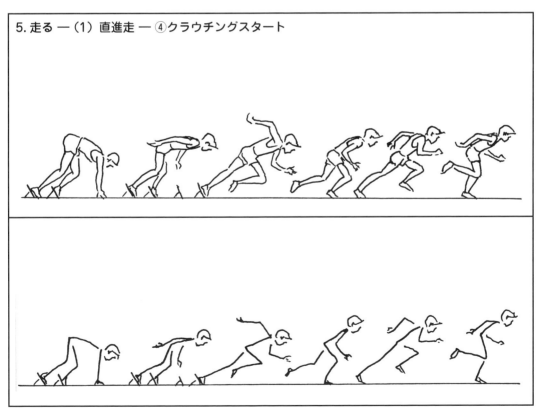

5. 走る ―（2）調節走 ― ①側進走

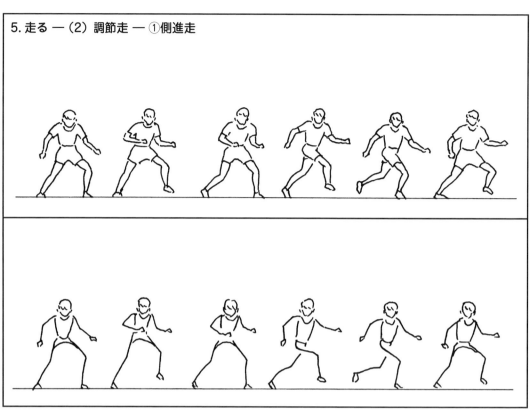

5. 走る ―（2）調節走 ― ②反転走

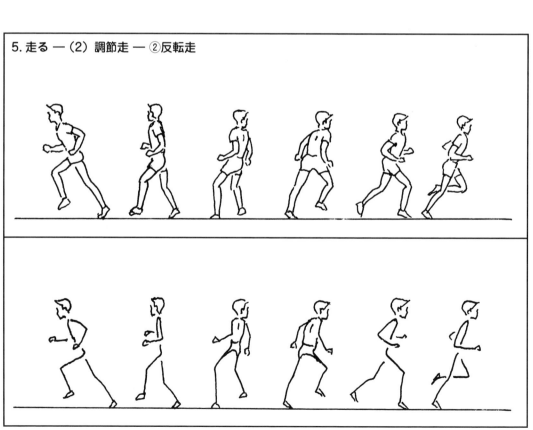

6. 跳ぶ ―（1）跳ぶ ― 走り高跳び ― ①背面跳び

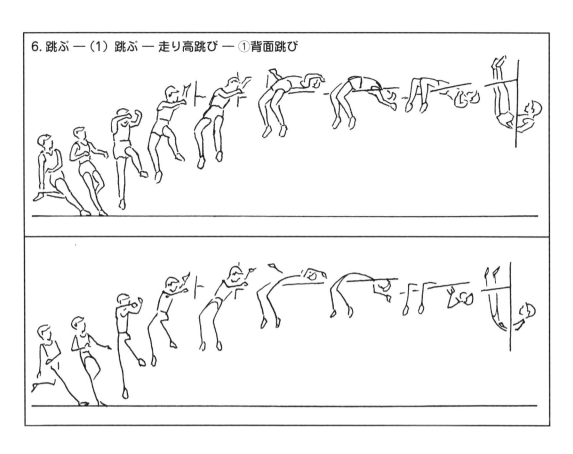

6. 跳ぶ ―（1）跳ぶ ― 走り高跳び ― ②はさみ跳び

6. 跳ぶ ―（1）跳ぶ ― 走り幅跳び ― ①反り跳び

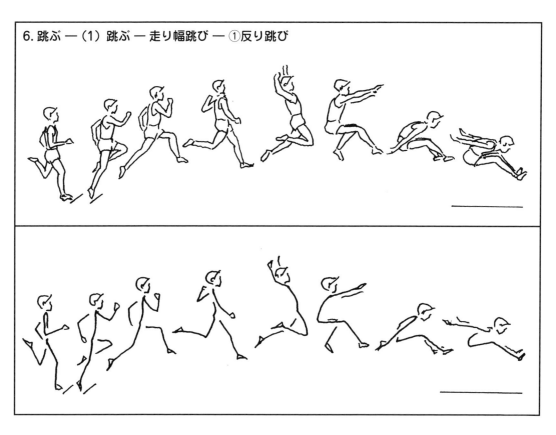

6. 跳ぶ ―（1）跳ぶ ― 走り幅跳び ― ②はさみ跳び

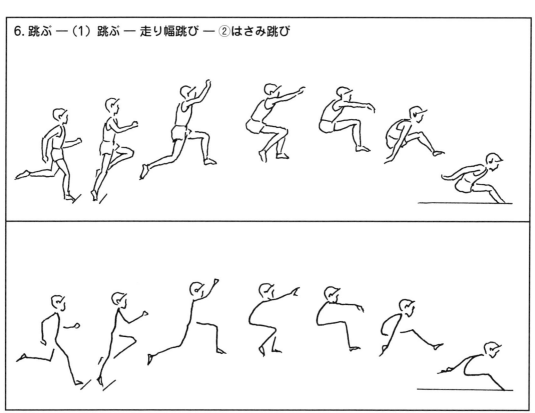

6. 跳ぶ —（1）跳ぶ — 下跳び — ①跳び下り

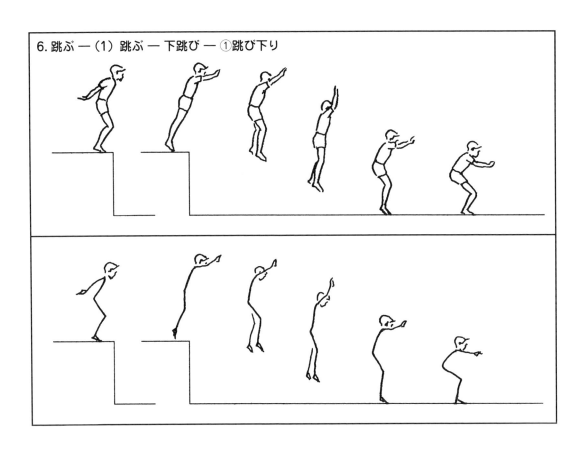

6. 跳ぶ —（1）跳ぶ — 組合せ跳び — ①ジャンプサーブ

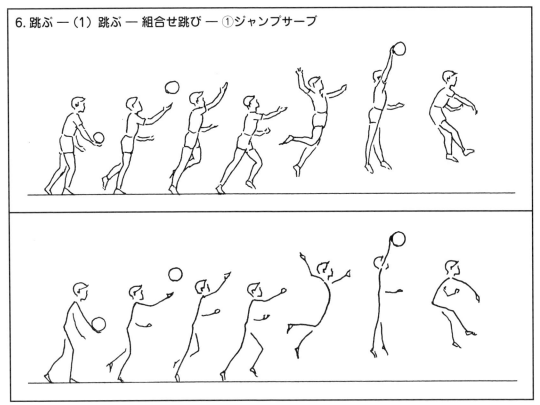

6. 跳ぶ ―（1）跳ぶ ― 組合せ跳び ― ②ジャンプシュート

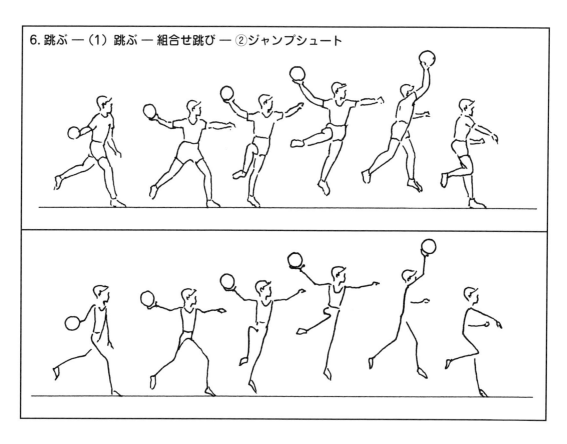

6. 跳ぶ ―（1）跳ぶ ― 組合せ跳び ― ③後方ひねり宙返り

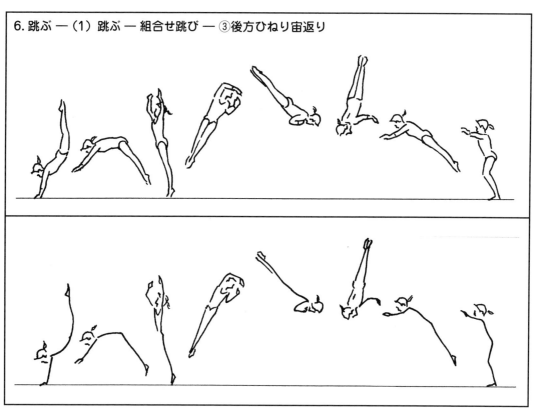

6.跳ぶ —(2) 支え跳び — 棒跳び — ①棒高跳び

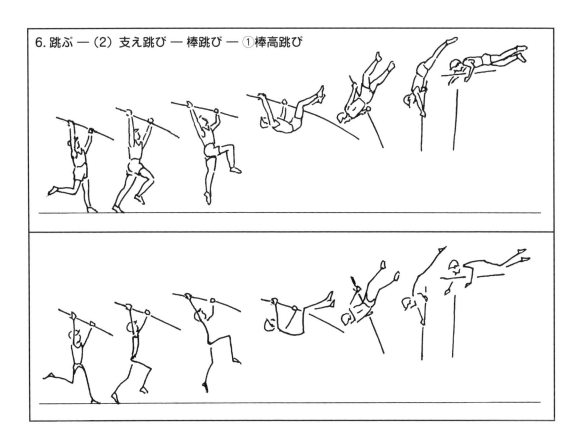

6.跳ぶ —(2) 支え跳び — 手跳び越し — ①かかえ込み跳び

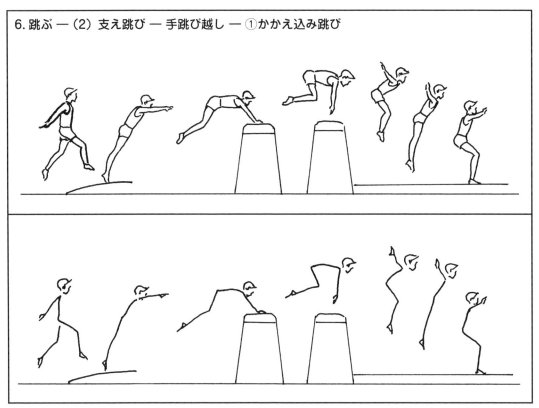

6. 跳ぶ ―（2）支え跳び ― 手跳び越し ― ②大伸身とび

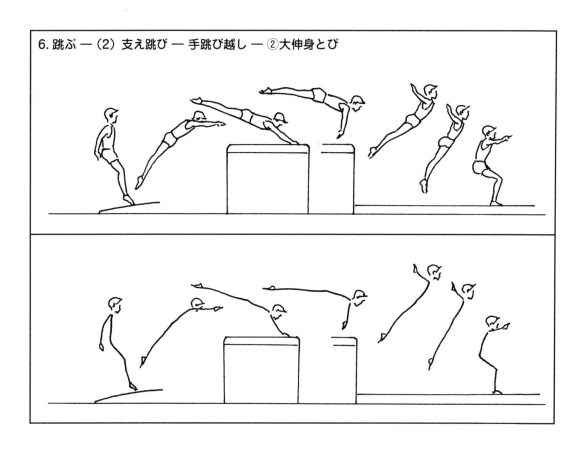

6. 跳ぶ ―（2）支え跳び ― 手跳び回転 ― ①後転とび伸身宙返り

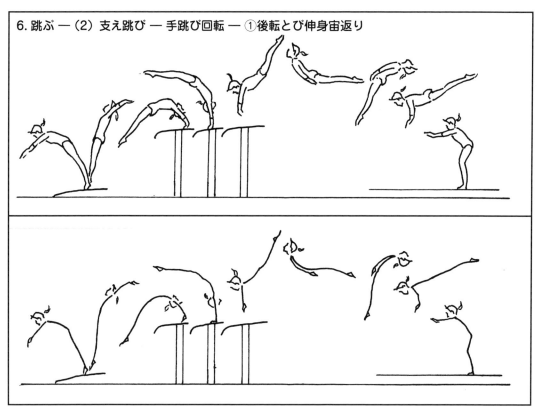

6. 跳ぶ ― (2) 支え跳び ― 手跳び回転 ― ②前転とび

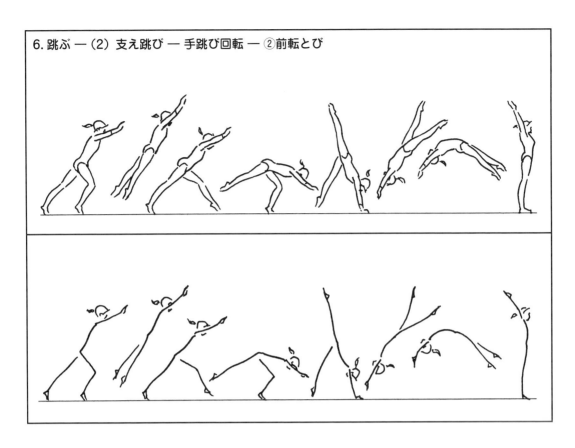

6. 跳ぶ ― (2) 支え跳び ― 手跳び回転 ― ③後転とび

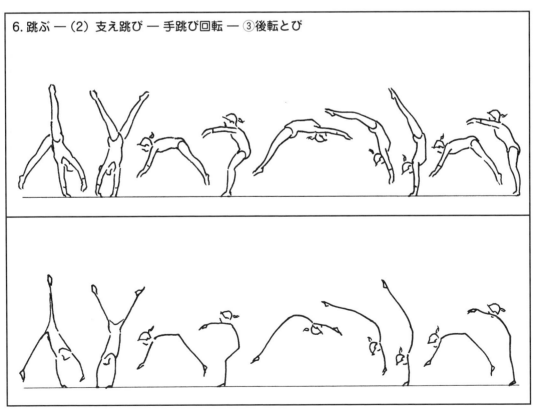

7. 投げる ―（1）目標投げ ― 腕振り投げ ― ①ピッチング（野球）

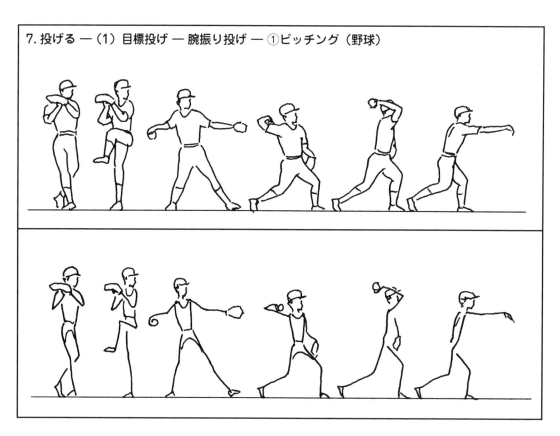

7. 投げる ―（1）目標投げ ― 腕振り投げ ― ②ピッチング（ソフトボール）

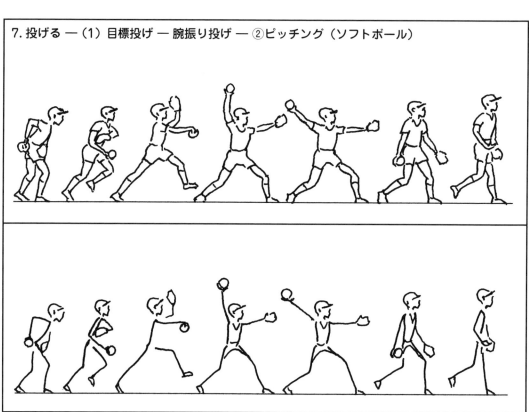

7. 投げる —（1）目標投げ — 腕振り投げ — ③スローイン（サッカー）

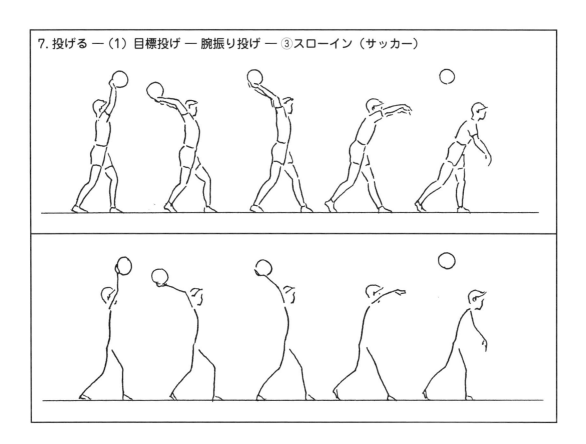

7. 投げる —（1）目標投げ — 腕振り投げ — ④ストレートパス（ラグビー）

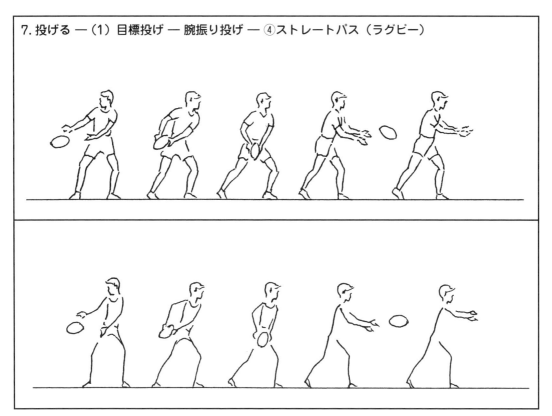

7. 投げる ―（1）目標投げ ― 腕振り投げ ― ⑤ボウリング

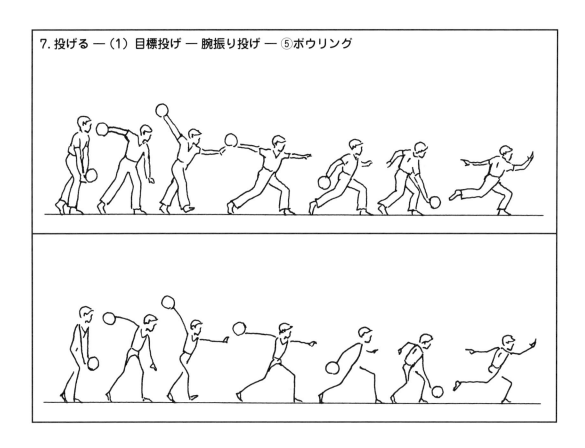

7. 投げる ―（2）距離投げ ― 腕振り投げ ― ①槍投げ

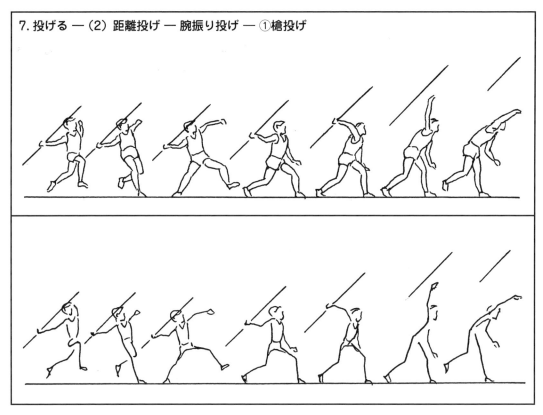

7. 投げる ―（2）距離投げ ― 手首投げ ― ①チェストパス

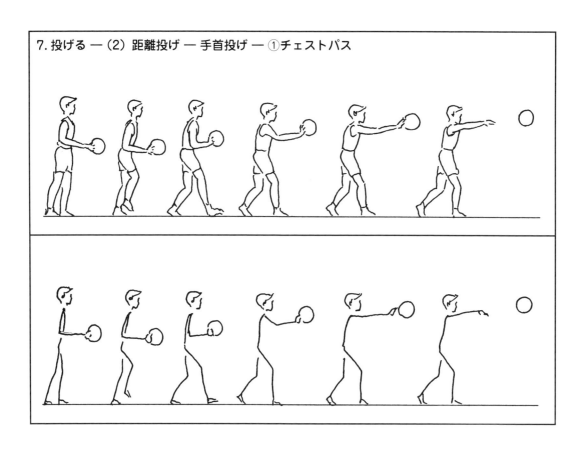

7. 投げる ―（2）距離投げ ― 手首投げ ― ②セットシュート

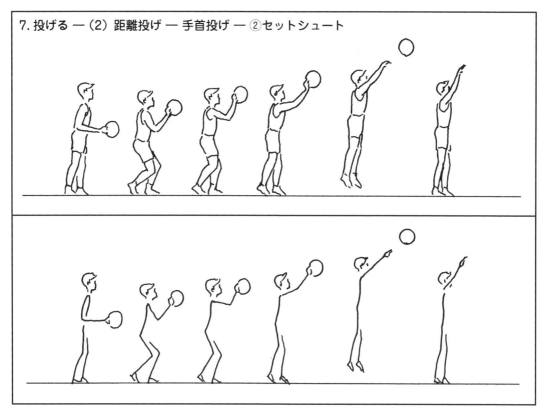

7. 投げる —（2）距離投げ — 振出し投げ — ①円盤投げ

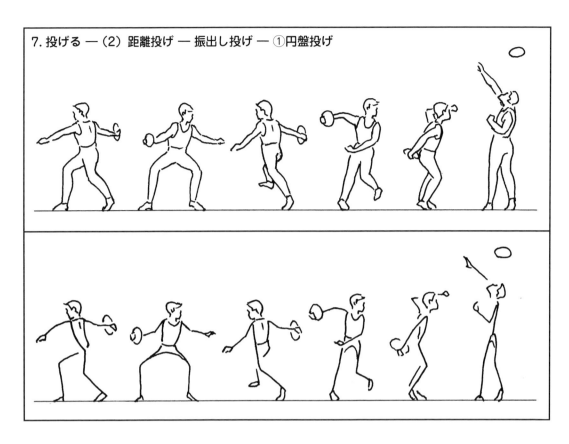

7. 投げる —（2）距離投げ — 押出し投げ — ①砲丸投げ

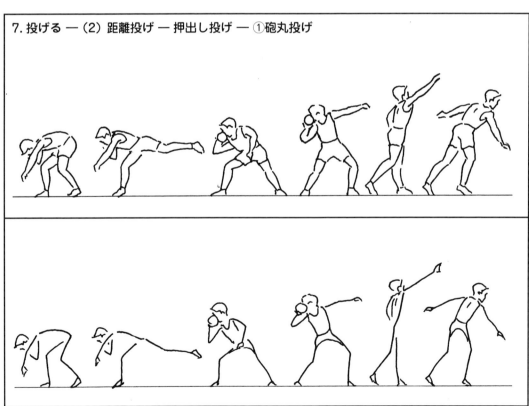

8. 捕る ―（1）手で捕る ― ①フライの捕球

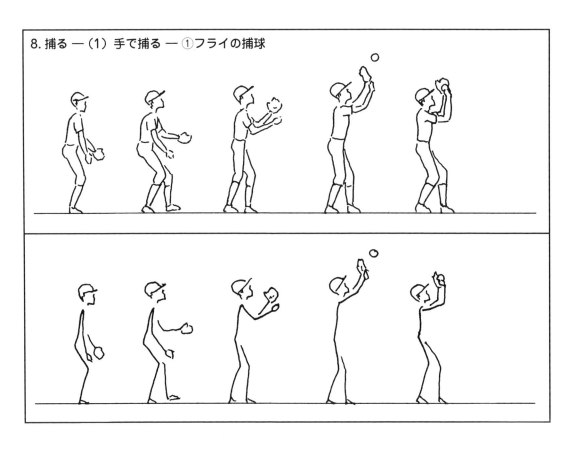

8. 捕る ―（1）手で捕る ― ②ゴロの捕球

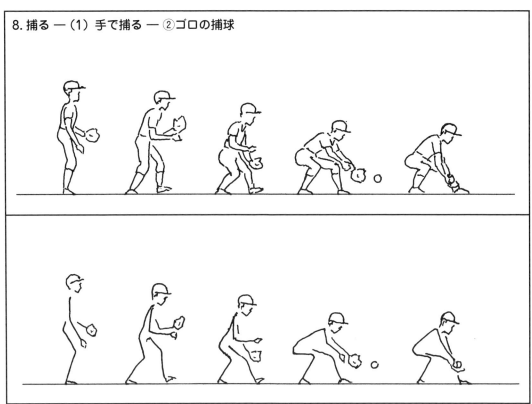

8. 捕る ー（1）手で捕る ー ③捕球ー投球

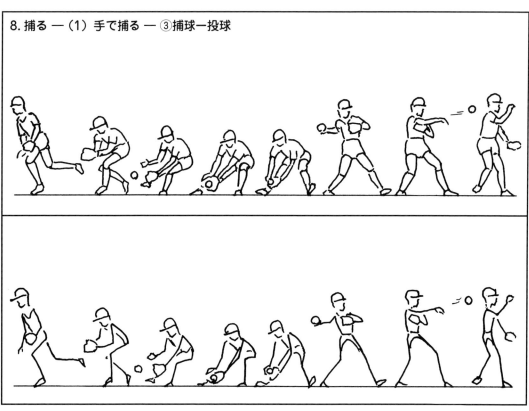

8. 捕る ー（2）足で捕る ー ①サッカー

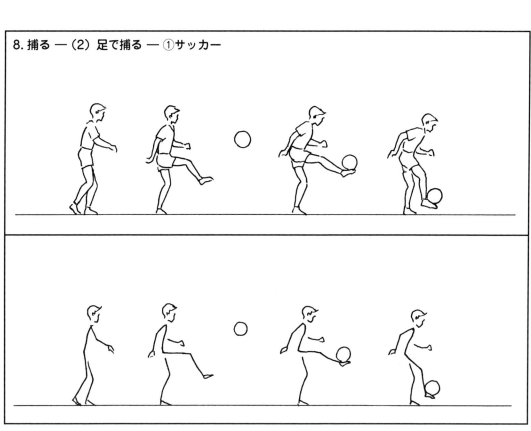

8. 捕る ─ (2) 足で捕る ─ ②新体操

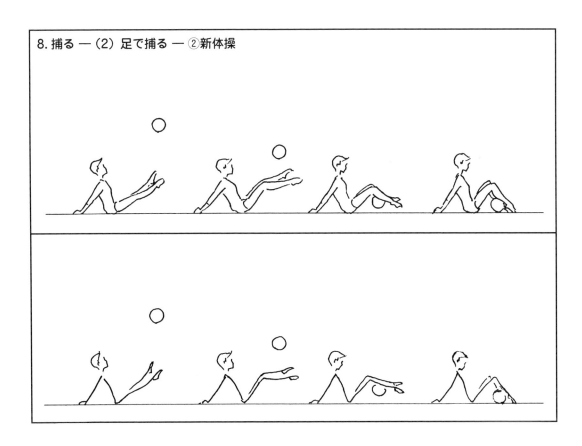

8. 捕る ─ (3) 体で捕る ─ ①サッカー

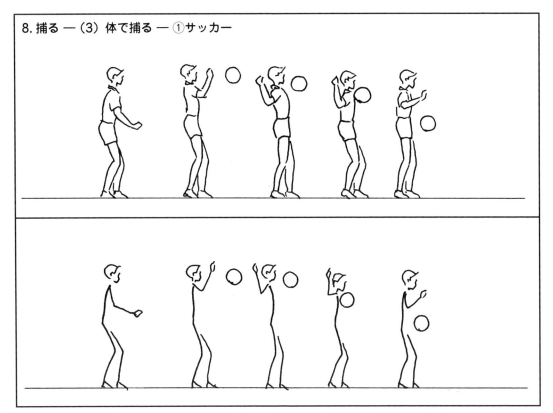

8. 捕る ―（3）体で捕る ― ②ドッジボール

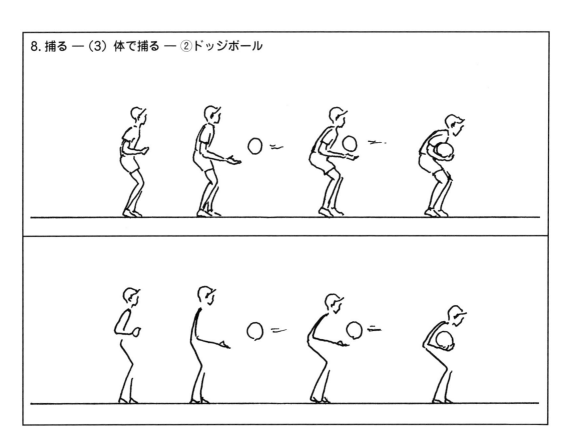

9. 押す― 10. 引く ―（1）ずらす ― ①押し出し

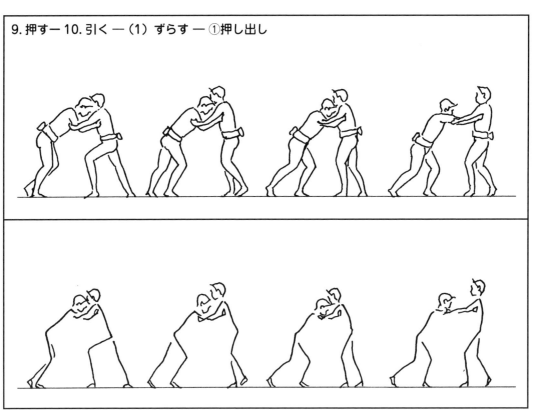

9. 押す－10. 引く －（2）押さえる － ①袈裟固め

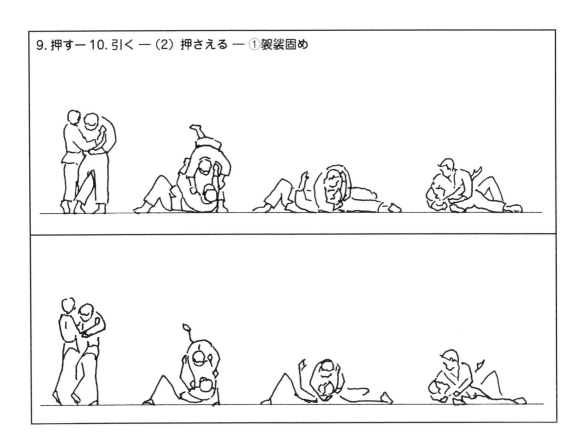

9. 押す－10. 引く －（2）押さえる － ②タックル（ラグビー）

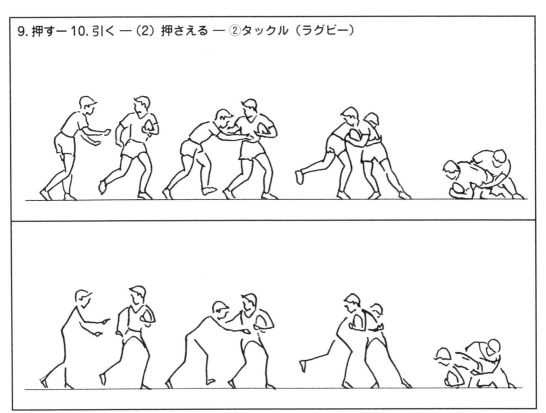

9. 押す―10. 引く―(3) 持ち上げる―①屈腕伸身力倒立

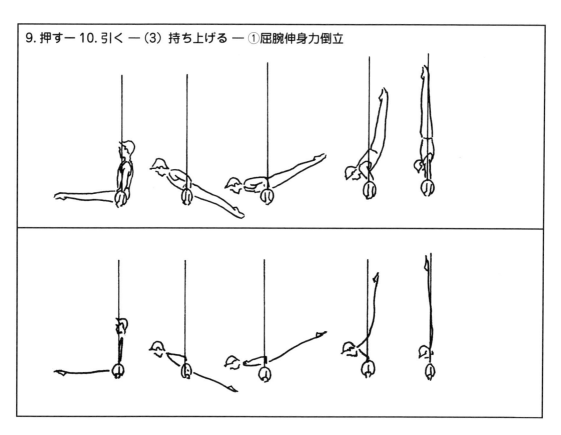

9. 押す―10. 引く―(3) 持ち上げる―②プレス（重量挙げ）

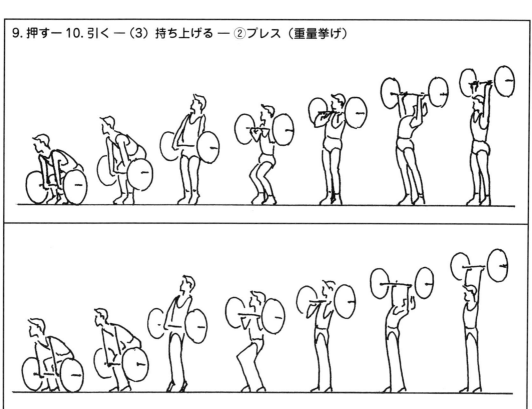

9. 押す ― 10. 引く ―（4）投げ倒す ― ①膝車

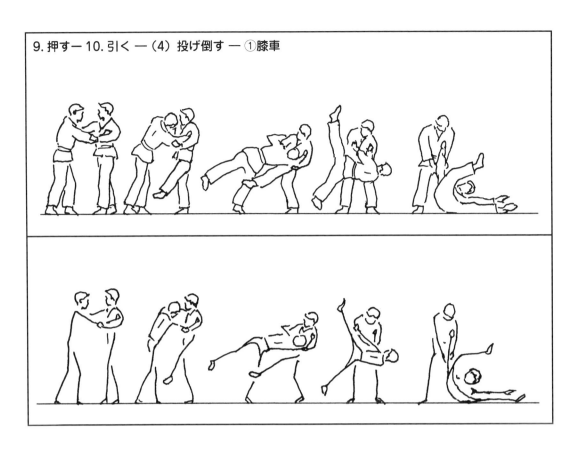

9. 押す ― 10. 引く ―（4）投げ倒す ― ②背負い投げ

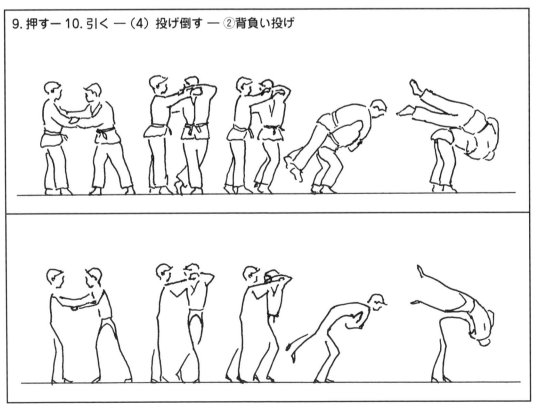

9. 押す ― 10. 引く ― (4) 投げ倒す ― ③上手投げ（相撲）

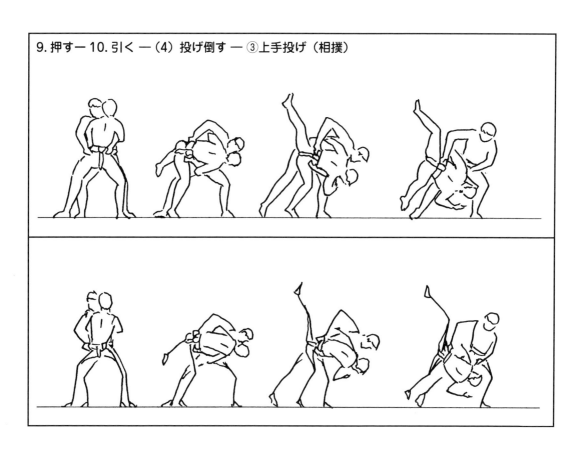

11. 打つ ― (1) 振り打つ ― ①バッティング（一本足打法）

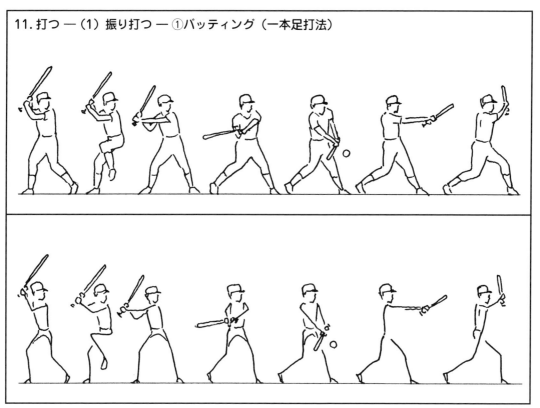

11. 打つ —（1）振り打つ — ② サービス（卓球）

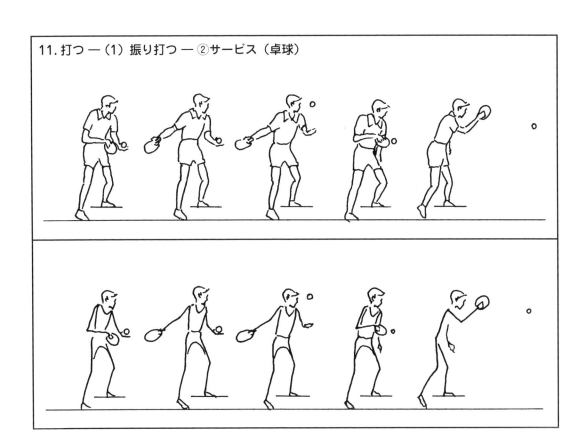

11. 打つ —（1）振り打つ — ③ スマッシュ

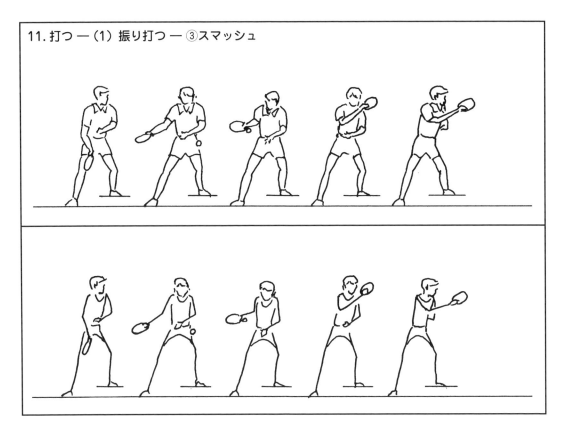

11. 打つ ー（1）振り打つ ー ④サービス（バドミントン）

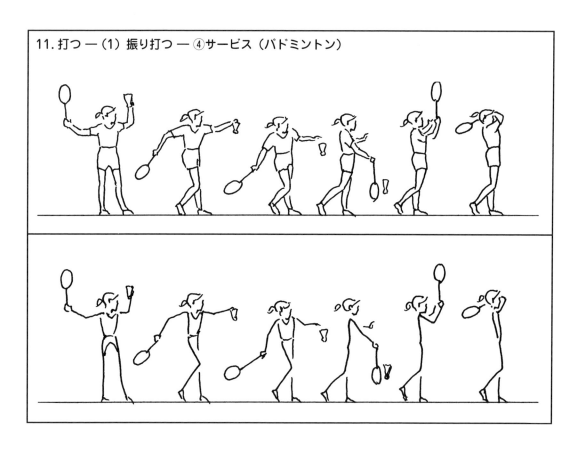

11. 打つ ー（1）振り打つ ー ⑤スマッシュ

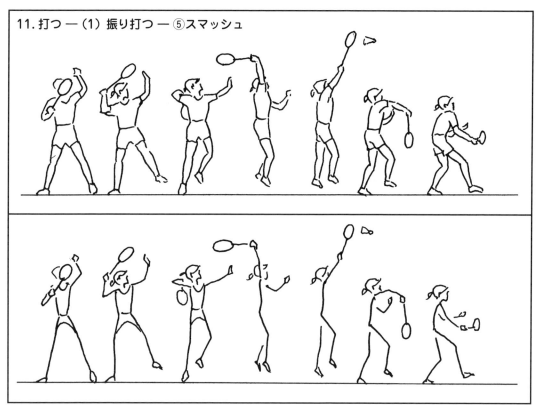

11. 打つ ― (1) 振り打つ ― ⑥サイドストローク（テニス）

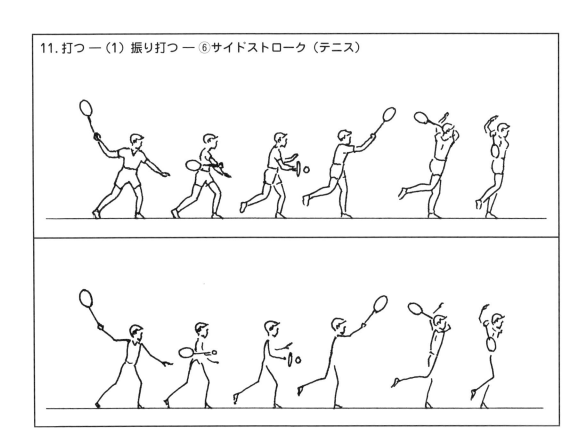

11. 打つ ― (1) 振り打つ ― ⑦バックハンドストローク

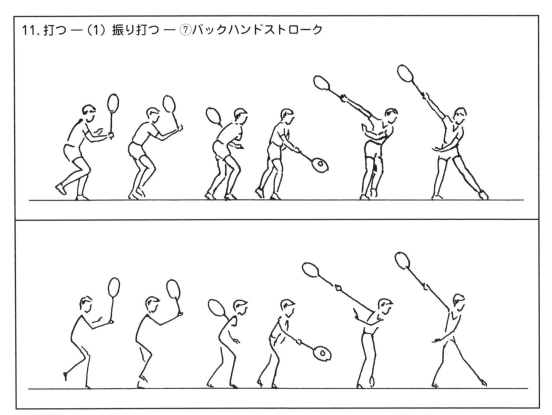

11. 打つ — (1) 振り打つ — ⑧ティーショット（ゴルフ）

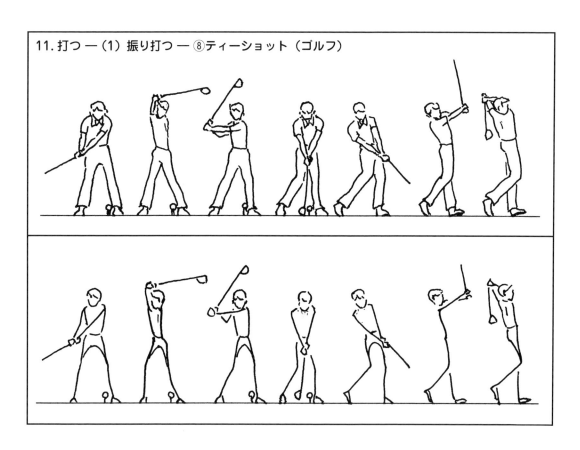

11. 打つ — (1) 振り打つ — ⑨アイアンショット

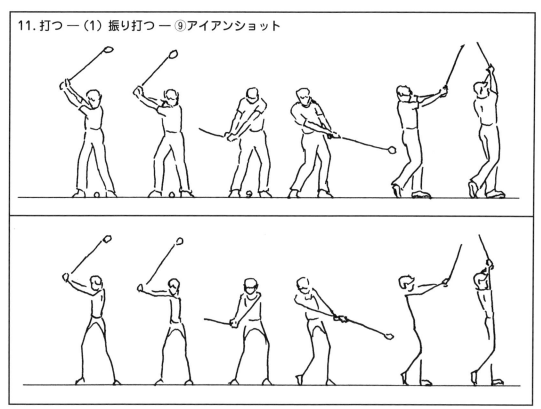

11. 打つ —（1）振り打つ — ⑩面（剣道）

11. 打つ —（1）振り打つ — ⑪胴

11. 打つ ― (1) 振り打つ ― ⑫シュート（ホッケー）

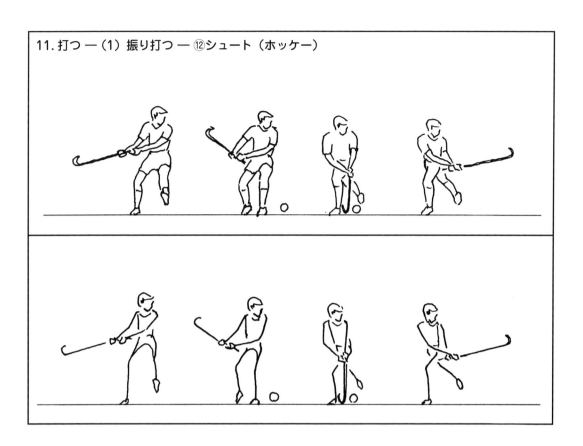

11. 打つ ― (1) 振り打つ ― ⑬スパイク

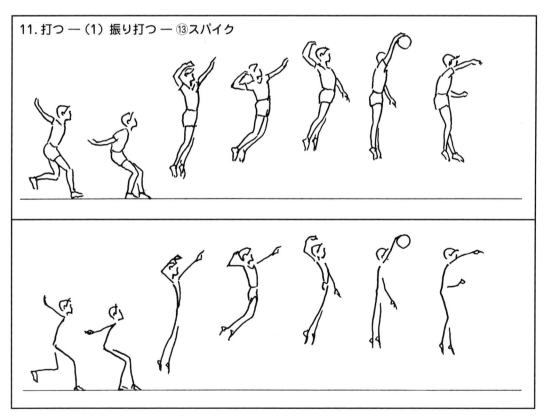

11. 打つ ―（2）叩く ― ①アンダーサーブ（バレーボール）

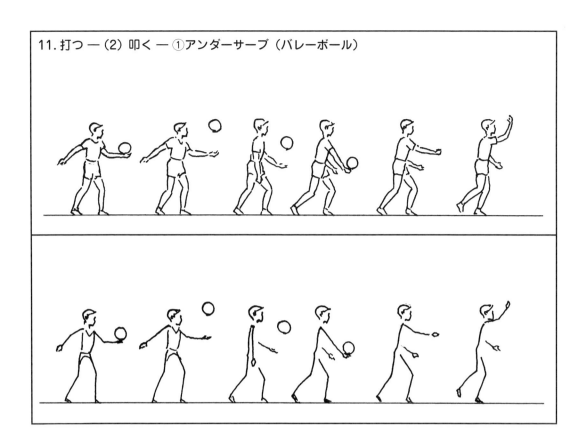

11. 打つ ―（2）叩く ― ②フローターサーブ

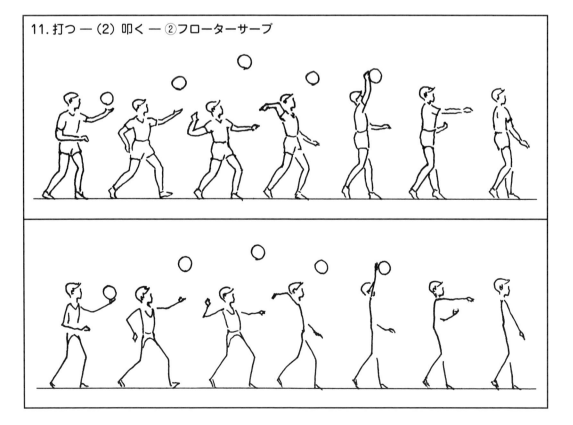

11. 打つ —（2）叩く— ③ワンツーパンチ（ボクシング）

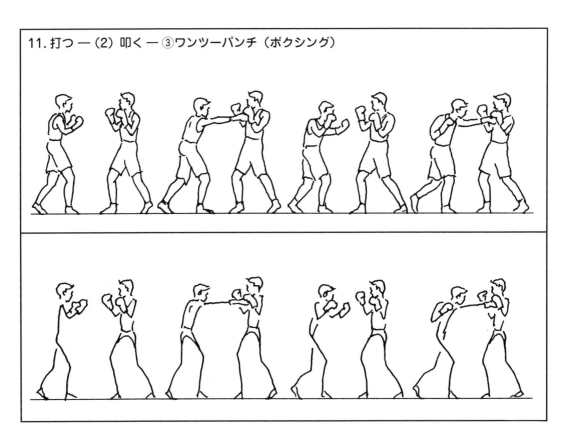

11. 打つ —（2）叩く— ④アッパーカット

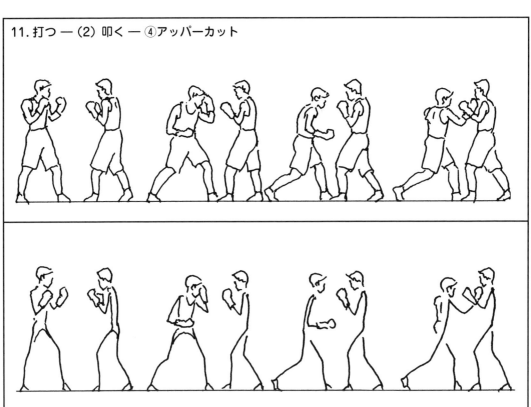

11. 打つ —（3）蹴る — ①インステップキック（サッカー）

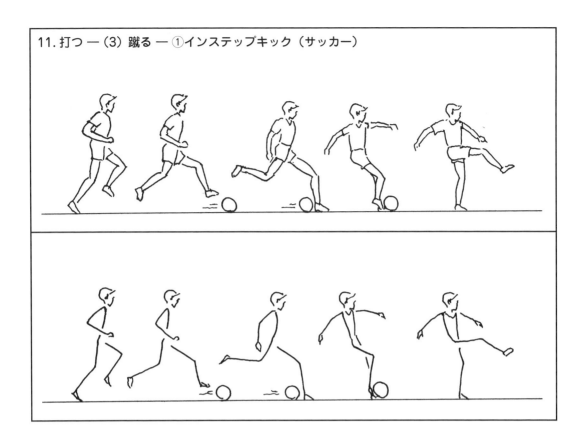

11. 打つ —（3）蹴る — ②オーバーヘッドキック

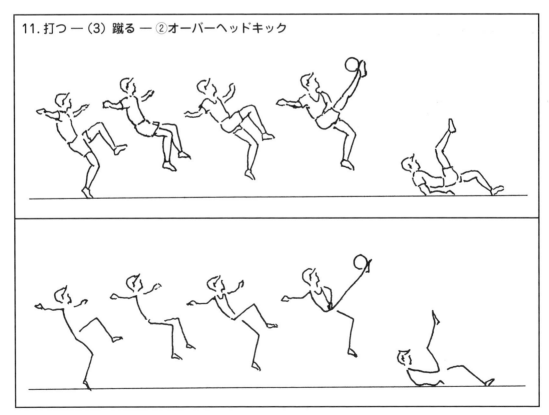

11. 打つ ─（3）蹴る ─ ③プレイスキック（ラグビー）

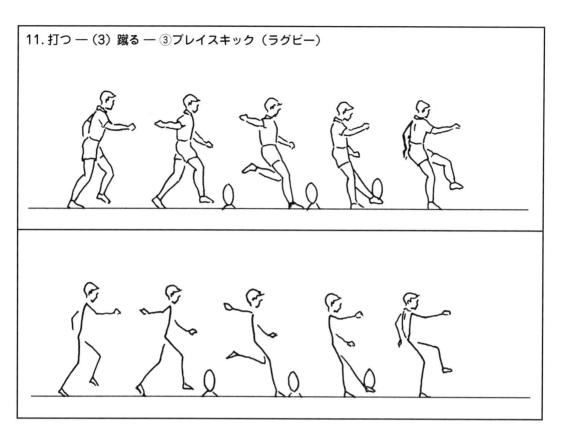

11. 打つ ─（3）蹴る ─ ④ドロップキック

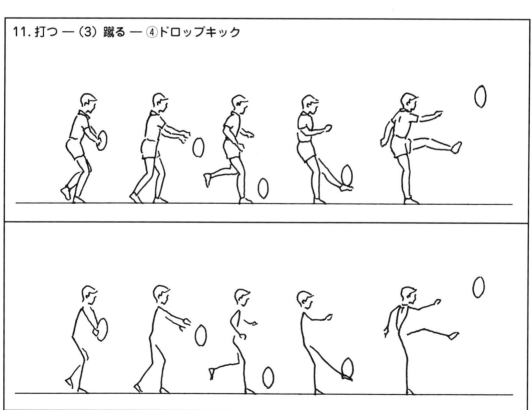

12. 突く — (1) 突く — ①突き（剣道）

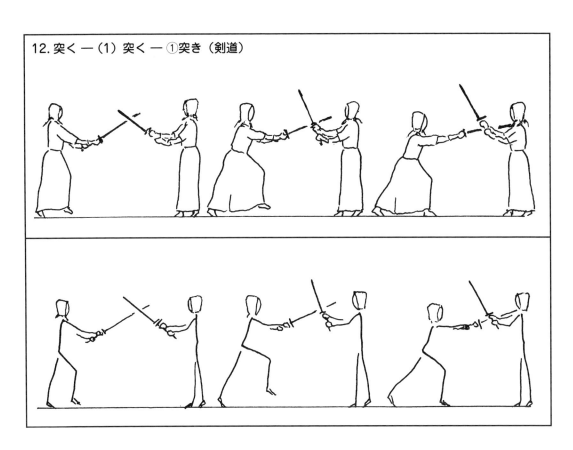

12. 突く — (1) 突く — ②トゥッシュ（フェンシング）

12. 突く ― (2) 突きとばす ― ①突き出し（相撲）

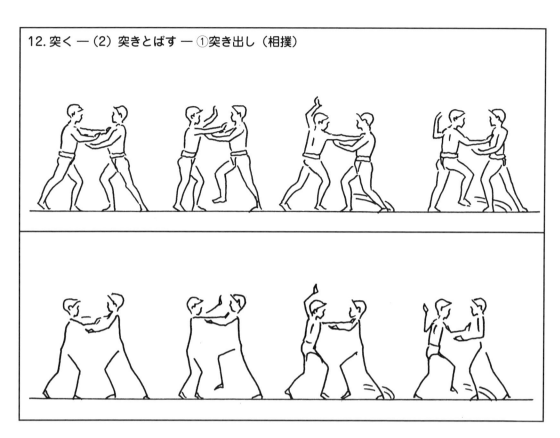

12. 突く ― (2) 突きとばす ― ②ドリブル（バスケットボール）

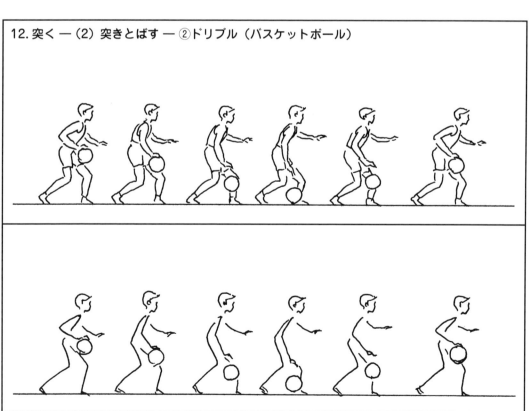

12. 突く ― (3) 弾きとばす ― ①ヘディング（サッカー）

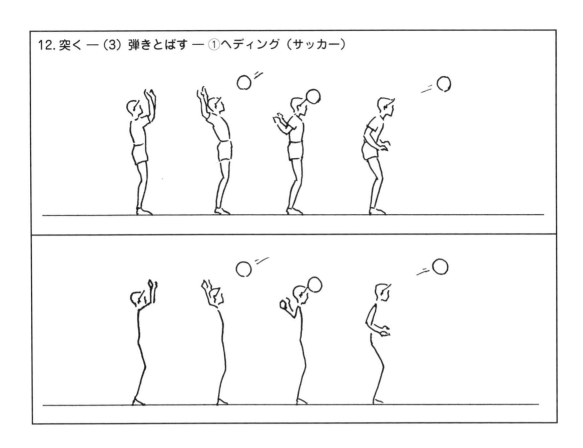

12. 突く ― (3) 弾きとばす ― ②パンチング（サッカー）

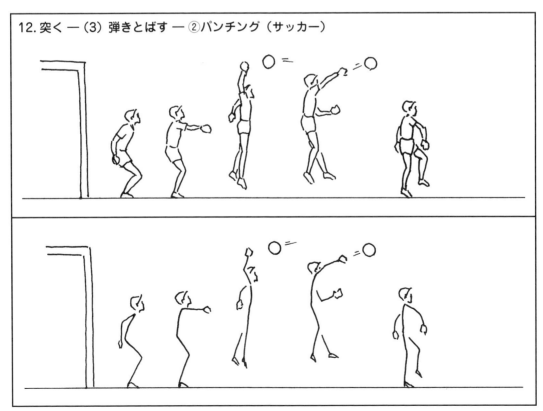

12. 突く ― (3) 弾きとばす ― ③アンダーハンドパス（バレーボール）

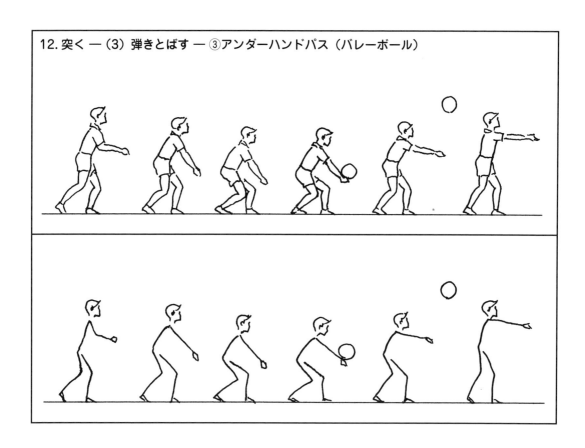

12. 突く ― (3) 弾きとばす ― ④オーバーハンドパス

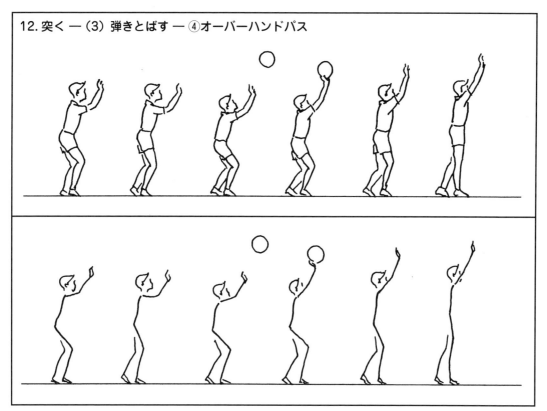

《スケート》― ①前進滑走

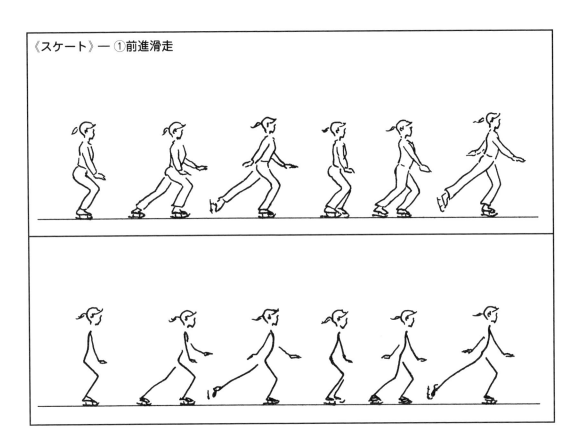

《スケート》― ②スピード滑走

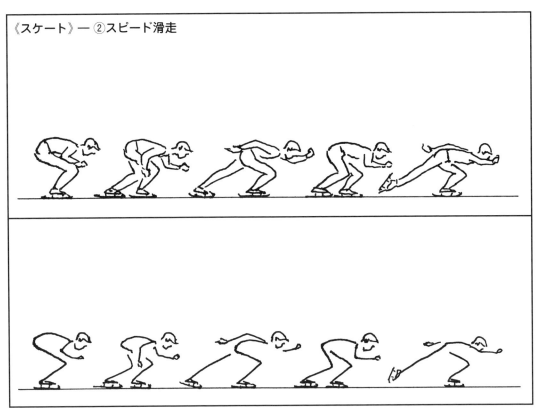

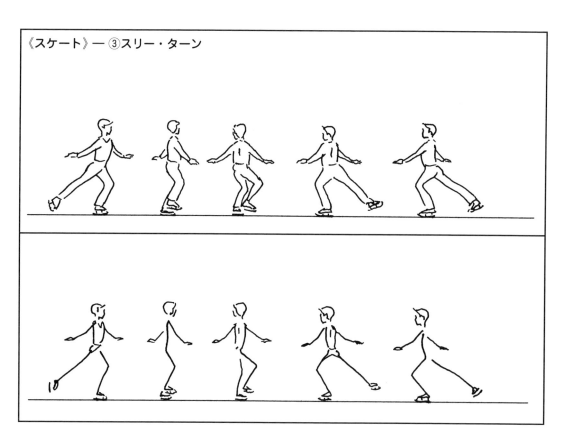

《スケート》— ⑤フリップ・ジャンプ

《スケート》— ⑥サルコウ・ジャンプ

《スケート》― ⑦ループ・ジャンプ

《スケート》― ⑧トリプル・アクセル・ジャンプ

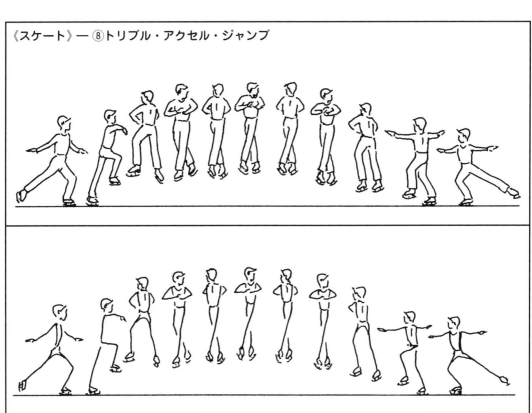

《スキー》— ①プルーク・ターン

《スキー》— ②シュテム・ターン

《スキー》— ③パラレル・ターン

《スキー》— ④スライド・ターン（スノーボード）

《スキー》— ⑤ジャンプ

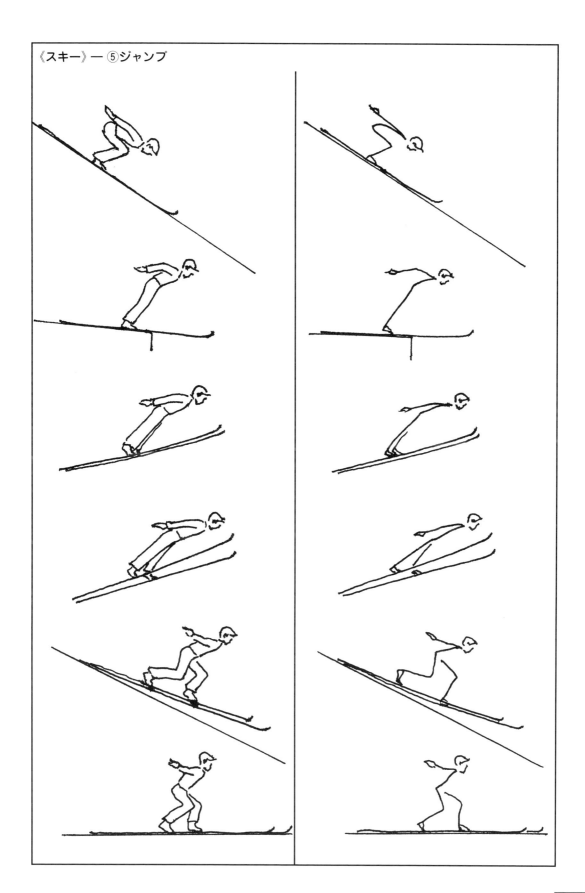

《スキー》— ⑥パスカング走法

《スキー》— ⑦推進滑走

《水泳》— ①平泳ぎ

《水泳》― ②バタフライ

《水泳》― ③クロール

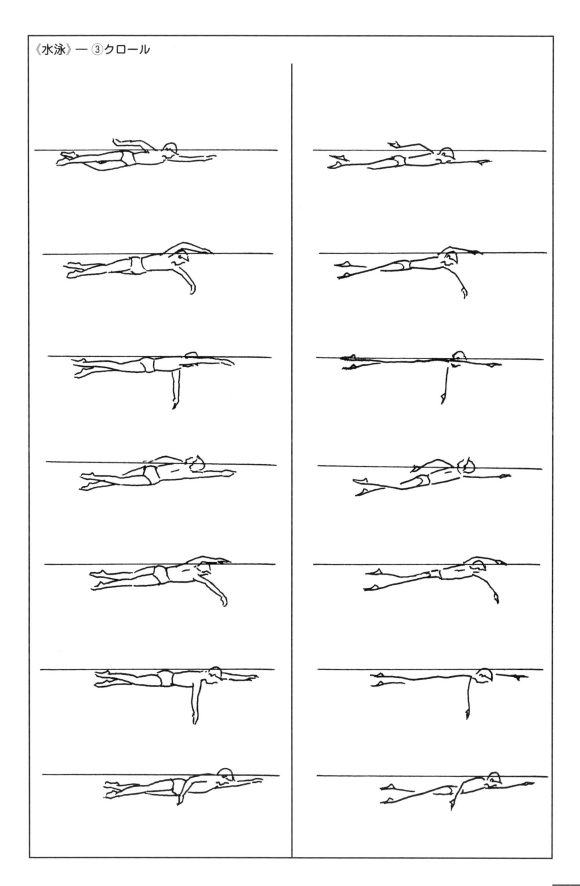

《水泳》―④背泳ぎ

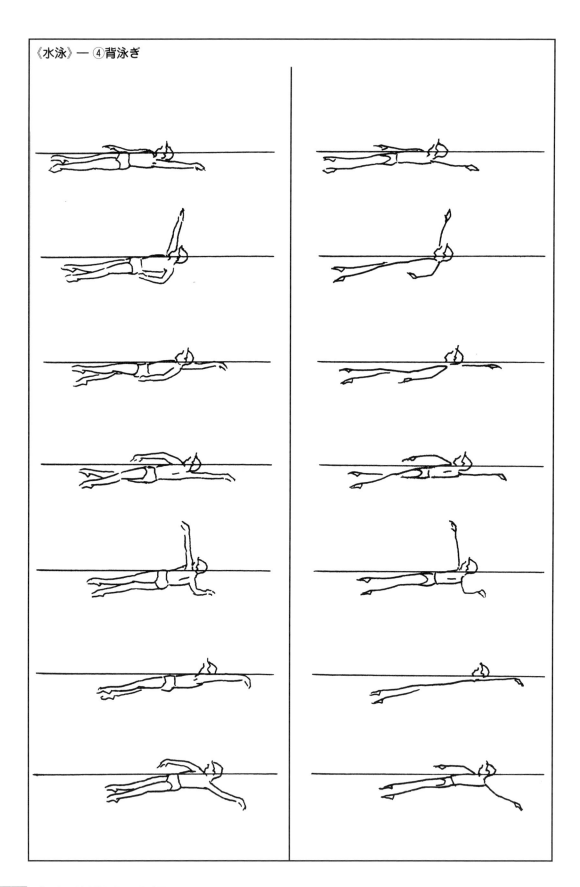

《水泳》— ⑤スタート

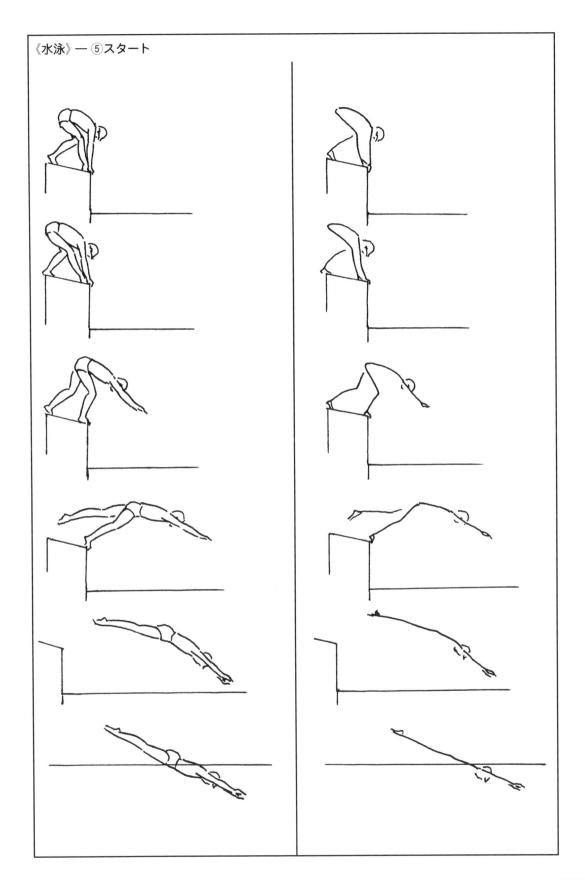

《水泳》― ⑥クイックターン

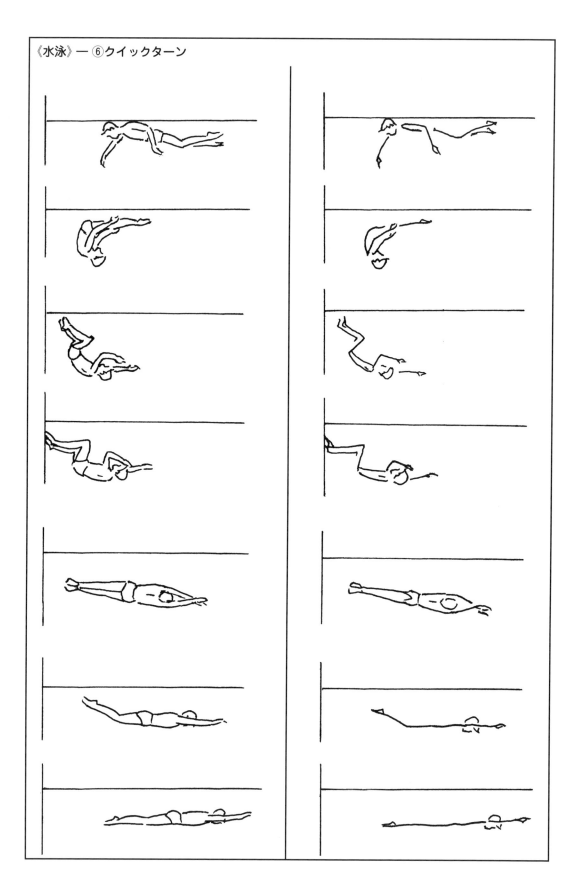

解説
なぜ動きを描くのか

金子明友

1　運動学に画法は必要なのか

　すでに皆さんは、〈スポーツ運動学〉の講義を通じて、現象学的運動学における〈キネステーゼ感覚〉の発生に関わる実践可能性の意味をよく理解されていることと思います。ところが、その実践的運動学の演習に〈なぜ動きを描くのか〉を主題化するのは、やはり意外に思われることでしょう。美術の教師ではない体育教師や競技コーチが身体運動の描き方をなぜ学ばなければならないのでしょうか？　そこには、コツやカンのような動感意識を捉え、その意味核を描き出すことが新しい運動学の本質問題に絡み合っているからなのです。というのは、フランスの現象学者メルロ゠ポンティは、その『眼と精神』（1964）のなかで、「芸術家こそ真実を告げているのであって、偽っているのは写真のほうなのです。というのは、現実には時間が止まることはないからです」というロダンの言葉を引用しながら、「絵画は動きの外面ではなく、その隠された暗号を求めている」のだという重大な指摘を見逃すわけにはいかないのです。

　精密科学が高度に発達した現代では、ビデオカメラを駆使して学習者や選手たちに即座にその動きかたを再現して見せることも可能です。しかも、超高速のビデオ機器を使えば、下手な線画を訓練する意味などまったくないはずだと人は考えます。それにもかかわらず、謎に満ちたコツやカンの描画技能をあえて学ぶのは、メルロ゠ポンティのいう〈動きに潜んでいる暗号〉に注目するからであり、そこには動感システムの本質可能性を保証する意味核が隠されていることを確認しておかなければなりません。運動学講義の動感発生論に少しだけ戻って、その本質問題を確認しておきましょう。たとえば、私たちが行う身体運動というのは、そのつど一瞬ごとに姿かたちを変えながら過去に消えていきます。その流れゆく現在がはかなく感じられるから、そのときの姿かたちを繰り返し確認できるビデオ機器があれば、より詳しく精確に観察できると考えるのは当然のことなのです。しかし、そこで何度繰り返して見てもよくわからなければ、映像をスローモーションで見ればよい。それでも見逃してしまうときにはストップをかけ、その一瞬の静止画像を細かく観察し、要すれば、精密に測定して、その動きを確認できるはずだと考えます。そうすれば、どんなに素早い、複雑な動きでも正しく捉えることができます。そこで同時に、客観的な科学的データも得られますから、身体運動の微細な変容も確認でき、運動学習には不可欠な精確な資料として、それを信用することができます。

そのとき、ストップをかけた画像は動いてないから、それは運動ではないとベルクソンの「動きは分割できない」という定義から論理学的に批判をすれば、それは動いている一瞬の映像だから、その運動の一部だと強弁して譲りません。しかし、結局はゼノンの「飛んでいる矢は止まっている」というパラドックスを認めざるをえなくなるのです。それでもなお、静止像と静止像の間にこそ〈動き〉があるのだから、高速DVDで100万分の1秒まで切り刻んでも、無意味だと言うと、それは単なる屁理屈だと嘲って信じようとしません。1秒間の動きの100枚の静止映像でも区別できないのに、100万枚の静止像に動きの流れを捉えられるというのでしょうか。結局その運動とは、外部視点から捕らえられた物理的な位置移動だから、わが身にありありと感じられる動きではないのです。だから、新しい運動を身につけるときには、その科学的データそれ自体は隔靴搔痒の感を免れないことになるのです。ここにおいて、メルロ＝ポンティのいう〈動きに潜んでいる暗号〉、いわばコツとカンの身体能力が浮上してくるのであり、「絵画はいつも身体的なるものの中にあるのだから、まったく時間の外にあるということは決してない」という指摘が、動きを描くことの決定的意味核を示して余りあることになります。さらに、その自らの身体で感じる動感メロディーのなかに、その一枚の静止画像そのものに流れつつある生動性を感じとれることになります。しかし、〈身体で見る〉ことのできない人にとっては、それは単なる〈想像意識〉であり、実存の運動ではないと強弁せざるをえないのです。こうして、動感生動性の深層に潜む不思議な〈動感システム〉の発生現象は、厳密な現象学的意識分析、とりわけ時間流の原発生地平分析の対象に取り上げられることになるのです。そのことは、すでに運動学講義でよく理解できていると思います。

2 動きの感じとは何か

ここでいう〈動く感じ〉とは、キネステーゼ［運動感覚］の略語としての〈動感〉という運動学の専門用語をまず説明しておかなければなりません。それは同じ〈運動感覚〉という表現が〈科学的運動学〉と〈現象学的運動学〉の両方で使われているからです。一般に、生理学や心理学で意味される〈運動感覚〉は自己受容性感覚［関節部の皮膚感覚、筋紡錘や腱紡錘による深部感覚、筋収縮の感知など］によって自らの動作やその位置変化を捉える〈感覚与件〉と理解されています。したがって、その起点となる〈自己受容性感覚〉や〈体性感覚システム〉に発する身体運動は、感覚刺激とその運動応答という因果決定論に基づけられることになります。実験心理学の運動感覚の分析では、目隠しをして視覚遮断を条件づけるという分析法が採られるのもその意味からです。これに対して、スポーツ運動学の〈動感〉という表現は、現象学的な〈キネステーゼ感覚〉の略語であり、端的に言えば〈動きの感覚質〉、つまり動きの価値意識が働いている感覚性質という意味になります。それはフッサールの意味する〈価値知覚〉を含むキネステーゼシステムの基盤をなす〈感覚質〉から導入されていますから、その短縮形の〈動感〉という表現も、刺激を受容するだけの〈感覚与件〉ではなく、現象学的な価値意識の〈能力性〉という概念として理解されなければなりません。日常生活における跳び下りるという運動がうまくいくのは、周りの情況を周辺視で捉えつつ着地が〈先取り〉されているからです。視覚を遮断して跳び下りる危険さは、無意識のうちに自らの動感身体の感覚質が働いて、その危険さをありありと感じとることができます。

スポーツ運動学がその動感意識の発生分析を基柢に据えているのはこの意味においても首肯することができるはずです。

　ここにおいて、フッサール現象学に基礎づけをもつ運動学では、まず因果論的な〈感覚与件〉の概念を括弧に入れて判断中止しておくことが不可欠の前提となります。さらに厳密にいえば、運動学は動く感じの意識分析を主題化しますから、知覚だけでなく記憶や想像などの運動表象も含めた意識さえも、不可欠な分析対象として取り上げられることになります。さらに、技が極まったときの〈快感〉やリズムに乗った楽しい〈快感情〉といった動感身体に潜む心情的な価値意識、つまりフッサールのいう〈価値知覚〉という高次の心情現象野に生起する主観的な出来事も、分析対象として取り上げられます。こうして、主観身体に内在する〈価値意識〉や〈感情感覚〉を〈主観的なもの〉として排除してしまうバイオメカニクスやサイバネティクスの客観主義とは、本質必然的に截然と区別されることになります。しかし、それはどちらが正しいかという真理論の問題ではないことも確認しておかなければなりません。

　こうして、スポーツ運動学の分析対象には、勝敗を賭して競技するスポーツのなかに頻繁に現れてくる価値知覚による〈良否判断〉が主題的に浮上してきます。主観的な価値意識を伴う感覚質や感情感覚は、その選手や生徒の動感意識の発生分析に決定的な役割を果たすからです。客観的な定量化を主題とする科学的な運動分析では、動感能力の発生に関わる主観的価値意識は、すべて排除されてしまうのであり、それがこの二つの分析法の決定的な差異を形づくっているのです。精密な科学的分析をするのに、曖昧なドクサ経験の主観的判断がまぎれ込んでは、科学的な客観性を損なってしまうからです。科学的な運動分析では、動く身体の位置移動を定量化して、そこに客観的な自然法則を見つけようとします。これに対して、われわれの実存的運動学分析では、たとえば水たまりを跳び越そうとする前に、跳び越せるかどうかをわが身でありありと〈先取り〉できる身体能力が分析対象になるのです。そこで問われる身体能力は、数学的な確率論では捉えられないまったく異質な身体現象なのです。そこでは、その発生の深層分析に入ることになります。だから、自らの曖昧なドクサ経験［思い込み］を自ら対象化し、その動く感じを純粋に観察することがまず求められます。それを保証できるのは、まさに現象学的な反省分析しかないのです。そのためには、自らの動感意識に関わる身体経験を自己観察する立場を確認しておかなければなりません。身体運動を外部視点から客観的に観察し、計測する科学的運動分析に慣れているわれわれは、半世紀前にマイネル教授が主張した〈自己観察〉という形態学的分析に改めて回帰することが求められるのです。このことをフッサールは「この素朴な関心をもっている自我の上に、現象学的自我が〈無関心な傍観者〉として立てられ、そこに一種の自我分裂が行われる」のだと指摘するのです。そこには、もう一人の〈超越論的自我〉が傍観者という立場に立つことが求められるのです。もっとも、無関心な傍観者とはいっても、ヴァイツゼッカーのいういわゆる自然科学者という岡目八目の〈野次馬〉のことが意味されているのではありません。そのためには、本質直観分析を厳密に遂行できる現象学的態度が厳しく求められることになります。そのような〈動く感じ〉の判断能力は、わが身にありありと感じ取れる動感身体の本質可能性が分析されるのであり、そこには価値意識をもつ身体能力や価値知覚による判断能力が求められることになります。だから、客観的分析のように精密な測定機器を使う分析とはまった

く別種な現象学的分析の立場をよく理解しておくことが必要になります。

3 動きの違いに気づけるか

　美術の先生が絵を描くときの観察眼は、素人のわれわれとはどのように違うのでしょうか？　そこには、芸術的感性によって、描く対象を生き生きと写しとるのに長年の修練が求められるのは容易に理解できることです。測定機器を使えば、だれにでもすぐに運動分析ができるのは、機器操作の知識が求められるとしても、それは専門的能力ではありません。数学の先生で二次方程式が解けないのでは話にならないし、英語の先生が英語で話しかけられて何も理解できず、話が通じないのでは英語の専門能力をもっているとはとても言えません。音楽のメロディーを何一つ聞き分けられない音楽教師が専門能力をもっているとは言えないでしょう。このような他教科の先生たちの実践的専門能力に相応する体育教師の専門能力とはいったい何が意味されるのでしょうか？　スポーツの実践的運動学を提唱したマイネル教授は「音楽教師が音楽を聞き分けると同様に、体育教師は動きの観察能力こそ基本的な専門能力である」と述べています。ところが、サッカーが得意な体育の先生は、当然ながらドリブルの微妙な動きは見分けられるとしても、〈逆上がり〉に失敗した動きを見抜けるとは限らないし、〈泳げない子〉の動きかたの違いに気づかないことも珍しくはありません。となると、動きの価値知覚を伴う感覚質の運動観察は、体育教師にとって独自な領域であり、専門的学習が求められることになります。だからといって、何でも器用にできるのが体育教師の専門能力とも言えるはずもありません。その万能先生でも、クラブ活動で高度な技能をもつ生徒たちからは素人同然と侮蔑される羽目になります。そこで「体育とは、身体の発育発達を促進する役割を第一義とする教育だから、技能習得は単なる手段であり、二義的でしかない」と強弁しても、「できなくてもいいなら、動けるための学習は無意味だ」とすぐ反論されてしまうのが落ちです。

　とりわけ、幼稚園や小学校の先生のように、多くの教科を担当する役割をもつとき、そこに求められる体育指導の専門能力とは、いったい何なのでしょうか？　子どもたちが楽しく運動遊びができ、みんなと仲良く遊ぶことができればよいといっても、そのような専門能力の意味構造はそう単純ではないようです。〈鬼ごっこ〉やいろいろな〈ボール遊び〉が教材に取り上げられるとき、その指導に関わる幼稚園の先生たちはどのような専門能力を身につけているべきなのでしょうか？　小学校の体育指導で、器械運動や水泳などを学習させるのに先生はどんなレベルの技能を習得すべきなのでしょうか？

　結局のところ、そこに求められる専門能力は子どもたちの学習活動を上手にマネジメントできる管理能力さえあればよいとすれば、それは体育の専門家でなくても代われることになります。その先生たちは幼児期にはじまる人間特有な運動発生が決定的な重大さをもつと知りつつも、その多様な動感形態の発生分析までに手が届かないことになります。こうして、マイネル教授のいう運動観察の専門能力が前景に立てられてきます。

　同様にして、中学や高校の体育教師が他教科の先生に代替できない特有な専門能力をどのように考えるのかという難問も浮上してきます。他の領域の先生には代替できない独自な専門的能力を身につけていなければ、水泳の特技をもつ数学教師やサッカーの名手と謳われる英語教師から体育教師を截然と区別できなくなってしまいます。もちろん、勝れた泳ぎ手である数学

教師もサッカー名手の英語教師もそれぞれ得意なスポーツの動きを観察する能力はもっているでしょう。しかし、それは自らの動く感じの端的把握の観察層位に止まっていて、そこには、運動学の動感観察分析の専門的訓練が欠落しています。マイネル教授はその体育教師の陶冶目標になる専門能力に運動学的観察分析の能力向上を指摘するのは、この意味においてなのです。その動感発生論的な観察分析では、端的観察にはじまって、地平分析に至る解明ないし比較分析を含む動感観察へと、次第に高次の観察層位に入っていくことになります。その独自性をもつ観察能力は、多くの動感志向分析の専門訓練を経てはじめて本原的な動感能力として充実されていきます。その動感発生分析の階層構造は、専門書にゆずりますが、しかしどんな体育教師ないし競技コーチにとっても、その価値意識を伴う動きの動感観察に当たって、〈今ここに流れつつある動き〉をわが身でありありと感じとれる〈本原的直観〉による観察能力を身につけることが動感指導の起点として、真っ先に求められることを確認しておかなければなりません。

　ここで意味されている〈今ここに流れつつある動き〉を観察するとは、いったい何が意味されているのでしょうか？　一般に動きの良否判断をするのは、その運動の結果から行われます。測定競技では、その計測された数量によって優劣判断が行われ、球技ではシュートに成功するかどうかが決定的な判断基準になります。器械運動のような評価による良否判断する種目でも、逆上がりで支持になれると「できた」と判断します。しかし、逆上がりの動く感じが発生しつつある〈動きそのもの〉は、外部視点からの観察では分かりません。動きの流れが終わってから、その結果からだけで判断するのはだれにでも可能です。〈動きそのものを見る〉というのは、動きつつある流れの意味発生を見抜かなければ、どのように〈できつつある〉のかが読み解かれないまま見過ごされてしまうのです。その動く感じのメロディーを捉える能力こそ、体育教師の特有な専門能力だとマイネルは指摘しているのです。音楽の教師は今流れている音の良否を聞き分ける能力をもっています。その先生は〈今ここ〉の〈音メロディー〉が外れていたら、同時にその誤りを聞き分けて注意します。たとえばコーラス指導のなかで、その指揮をする教師は、〈今ここ〉に流れている〈音メロディー〉のミスを即座に聞き分けて、その場ですぐ修正をします。とすれば、体育教師もその〈今ここ〉の動く感じのメロディーのミスを即座に見抜けなければ、どこを修正すべきかの指示を出せるはずもないのです。つまり、身体運動の動感発生現象に関わることができる専門能力こそ体育教師の本質可能性を示しています。流れつつある生徒の動きの良否判断を見分ける動感能力こそ、体育教師の他教科の先生と区別される第一の専門能力だというマイネル教授の主張は、まさに正鵠を射ていることになります。

　ところが、昨今の体育教師には、この必修的な動感観察能力が欠損していることが少なくないのです。たしかに、クラブ活動で競技スポーツに打ち込んできた体育教師は、その種目の動感観察の専門的能力だけは身につけています。しかし体育専門の教師としては、どんな運動遊びでも、いろいろなスポーツ種目の動きかたでも、即座にその〈動感質〉を見分ける判断能力が求められています。このような動感質の観察能力を教員養成大学のゼミナールでどうして取り上げられないのかとマイネル教授が指摘するのは、この意味においてなのです。学校体育においては、サッカーを得意にする教師でも〈逆上がり〉のコツを伝える専門能力が要求され、

水泳の息継ぎに苦しんでいる生徒にその生々しい体験を共有することが大事にされています。としたら、この動感観察の能力訓練こそが、スポーツ運動学の必修単位に取り上げられなければならないはずです。手引きの指導書を解説し、それを呈示するだけなら、素人の他教科の先生にでもできます。このような体育固有な専門能力を問い直すことは、体育教師養成の本質問題に関わることであり、実技実習の必修カリキュラムに決定的な改革を迫ることになります。とりわけ、近年の学校体育における教材選択の幅が拡大される傾向は、体育教師の専門能力に本質必然的な進化を迫ってきています。ここにおいて、運動学の演習単位に動く感じの感覚質を見分ける観察能力養成の一環として、動感描画のゼミナールが浮上してくることになります。

4　動きを知るとは何か

ここに改めて〈身体運動それ自体〉に注目することになると、ようやくマイネルの意味する〈運動観察〉の奥深さに気づかされることになります。一般に、運動を見るとき、〈物体としての身体〉の位置移動を見ていると、マイネルは指摘します。そのとき、決して〈動きそれ自体〉という本質可能性を見分けているわけではないと、厳しく注意していることを見逃してはなりません。すでに述べているように、メルロ＝ポンティが正鵠を射て探り当てた〈動きに潜んでいる暗号〉こそ、画家が求めて止まない意味核なのだという指摘と軌を一にしているのも印象的です。ここで言われる〈動き〉ないし〈動きかた〉という運動学特有の表現に対して、ちなみに説明しておかなければなりません。というのは、この〈動きかた〉という表現は単に動く手順や行動の仕方という意味ではないの

です。わが身の動く感じに気づいてコツやカンを掴んだ瞬間というのは奇妙な感じに襲われます。運動学では、その動く感じそれ自体の〈まとまり〉が〈綜合定立〉としての〈図式〉ないし〈形態〉と呼ばれます。もちろん〈動く感じそれ自体〉というときの〈動き〉とは、単なる位置移動だけではなく、さらに〈感じ〉は感覚や感情のみならず、動きの価値意識も含意された〈図式化されたもの〉、つまり〈動感図式〉ないし〈動感形態〉が意味されています。たとえば、漢字の人という文字を鉛筆で書くとき、鉛筆を動かしながら動感メロディーの流れ全体を〈自らの身体〉で了解しています。別言すれば、このコツやカンをいったん〈身体で了解する〉と、はじめは鉛筆で書いた動感図式なのに、この再能動化できる能力として、人差し指でも即座に書けます。そうすると、肘でも、足先でも、人という文字を描けるという不思議な身体経験を直観することができるのです。自らの身体で動くときに、それは〈今ここ〉に流れつつある動感メロディーを本原的直観で捉えるという不思議な出来事に出会うことになります。このことを俗に「コツを掴んだ」とか「カンを捕らえた」と表現するのです。このような不思議な〈動感生動性〉が内在している身体経験を術語として〈動感身体能力〉ないし端的に〈動感能力〉と呼びます。いわば、遂行自我の動感能力によって〈動ける人〉になること、つまり動感図式化をわが身で了解した〈身体発生〉という出来事がはじめて主題化されることになります。こうして、主観身体に内在する動感能力の〈地平構造〉が動感発生分析の対象として取り上げられる必然可能性を獲得することができるのです。

ここにおいて、やっと「動ける人は動きかたを知っているのか」という動感経験への設問に移ることができます。ところがその分析の出発

点では、またしてもロック以来の古典的な感覚主義が動感図式の〈直接経験〉を邪魔することになるのです。だから、まずもって〈感覚与件〉に基づく経験主義をどうしても〈判断中止〉にしておかなければならなくなります。しかし、それは決して容易なことではありません。日本の〈柿〉の味は食べてみた人でなければわからないからです。さらに、日本の梨は西洋の梨とはその形も味も違うから、その味覚経験をもった人にしかその味覚的与件の差異を語ることはできないことになります。同じように、動感形態という総合的発生の身体経験は、その動きかたができる人にしか語れないはずです。泳ぎに内在する動感感覚、いわばその不思議な水の浮遊感はその身体経験をもった人にしか本原的に了解できません。雪の斜面を滑り降りる爽快感は、スキーヤーの独占する価値知覚に他なりません。まして、日常生活には珍しい動きかた、たとえば〈逆立ち〉や〈空中回転〉などの動く感じは、それができる人にしかその動感経験をわが身でありありと感じとることはできないのです。

ところが、その図式化された動感感覚質は、視覚や触覚などの直接的な諸感覚と深部感覚や皮膚感覚などの自己受容性感覚とが絡み合っている多くの動感素材から総合的に構成化されているのです。フッサールがいみじくも確認しているように、現実の動感感覚質は総合化された動感システムのなかに存在し、そのシステムのなかには調和的に統一されて相関する動感素材を欠くことができないのです。こうなると、その動感図式に調和的に統一される本質的な〈動感素材〉をどのように把握できるかが決定的な重要性をもつことになります。しかし、この動感素材は動きかたの実現に成功した自我身体にしか内在しないのです。その動感素材をどのように了解しているかという様相変動は、その本人に内在する原現在の反省からしか把握できないことになります。つまり、動感素材は〈私秘性〉という本質必然性を隠しているのです。その動きかたに成功した本人は、今ここに流れた動感メロディーを捉えて動けたのだから、その動感図式化の働きそれ自体を否定し、疑うことは必然的に論理矛盾になってしまいます。その動きができたのは、その動感図式化に成功したからであり、それが成立しなければ動感形態が現実に発生するはずもないのです。だから、動ける人の動感図式化という出来事は、普遍妥当性をもち、たとい〈まぐれ〉で形態発生したとしても、それは〈絶対事実性〉をもつとフッサールは言い切ります。動ける人の動感能力それ自体は、その人にとって〈不可疑的明証性〉をもつというのはこの意味においてなのです。

こうして、やっと設問の「知っている」という述定部の検討に入ることができるのです。ここで言う〈知っている〉は単に学習手順のノウハウや科学的なメカニズム情報を知っているという意味ではありません。練習の手順を知り、動きかたのメカニズムを知っていても、その人が自らの身体能力で意図する動きかたを実現できるかどうかは別問題だからです。たとえば「泳ぎを知っている」はクロールやバタフライという泳ぎ方の知的情報も意味されるし、現実に「泳げる」という身体能力も意味されます。その〈泳げる人〉とは、泳ぎつつある自我、遂行自我としての〈絶対主観性〉であり、今ここで私が泳いでいるという出来事は不可疑的な〈原事実〉であり、否定しようもないのです。それを疑うのは、泳いでいる私の存在そのものを否定することになってしまいます。しかし、泳ぐ動感能力の把握それ自体は、疑えない明証性をもつとしても、その本人が動く感じを適切に言い当てることができるかどうかは別問題であることを確認しておかなければなりません。

動感意識は私秘性を本質必然性にもつと同時に、自我意識の関わらない受動的動感地平の背景に沈んでいるのが一般だからです。だから、動ける人ならだれでも微妙に様相化する様態を純粋に記述できるとは限りません。とくに、偶発的な〈まぐれ〉のときには、動感意識はすべて受動地平に沈んでいて、あたかも狐に摘まれたかのように、その動けた事実さえ信じられないほどなのです。この偶発的な〈まぐれ〉の出来事は、いつも秘密に満ちていて、どんな名選手でもそのコツやカンを問われると言葉ではうまく表せないものです。強いて言表してもらうと「飛んでくるボールは止まって見える」とか「私が空中でどのように動いているかはっきり見える」などのミステリアスな表現が続き、ますます秘儀的な色合いを濃くしてしまうものです。

5　動感スキップとは何か

このような名選手たちの余りの神秘主義に業を煮やして、そのミラクルボディの精密分析と秘技の種明かしに執念をもやす人が次つぎと現れてくるものです。しかし、驚異的な動きかたを超高速の映像分析で解析しようとしても、そこでは物体化された身体の位置移動しかわからず、動感発生の生々しい〈動機づけ〉は陰に隠れて姿を見せません。万人に妥当する客観メカニズムを取り出そうとする科学的分析には、その選手のコツやカンはいつも分析対象からこぼれ落ちてしまうのです。その私秘的なドグマ的経験は、その人の〈身体性〉という固有領域のなかに潜んだままなのです。確定的理念から自然法則を見出すために、外部視点から主観身体に潜む動感意識を客観分析する試みは、徒労になると断じるヴァイツゼッカーの指摘はこの意味で重みをもってきます。というのは、発生的

理念にも本質法則という必然可能性が存在するが、そこには刻々と〈様相変動〉する一回性の出来事がすべてだからです。この動感発生の秘密に迫ろうとするのに、肝心の主観身体に内在する動感意識の志向分析をすべて排除しては必然的に的外れになってしまうのです。その明らかな論理矛盾に気づかないのは、単なる科学主義のせいだけではありません。動感質の生動性それ自体をその発生に関わる主観身体に語らせない限り明らかになるはずもないからです。こうして、わが国の芸道や武道の世界では、自らの身体の動感発生は、無師独悟として自得していくしか道はないと断じられているのです。しかしこのままでは、人間社会における運動文化の伝承が危機に陥ってしまいます。無師独悟の自得美意識でだけを称揚し、その名手たちを人間国宝として手厚く保護しても、貴重な動感能力そのものの本質分析が放置されたままでは、その動感伝承の生動性は枯渇してしまうことになります。

ここにおいて、貴重な動感能力とそのコツやカンの意味核は、私秘的な世界に温存され、その伝承という営みは、一方的に秘伝化され、一子相伝、一家相伝などの伝承形式に傾斜していくことになります。そこでは、動感発生を支える図式化の方法論は〈教外別伝〉として自得方式しか本質可能性を伝承する手立てはないとされます。したがって、その伝承方法論の基柢に「わざは見て盗め」を据えた模倣伝承が主流となるのは、この意味においてです。となると、自らの身体能力を駆使して驚異的な動きかたを実現できた人は、すべて自らの動感意味核を果たして本当に了解しているのかどうか分からなくなってしまいます。つまり、その〈動ける人〉は自我意識の関与しない受動世界にあるのだから、その動感意識を捉えているのかどうか本人は分からないはずです。その〈動ける人〉はた

しかにそのように動けるのだから、そのこと自体は明証性をもつ絶対事実として疑うわけにはいきません。いわば、動感流の原現在をありありと捉えているから、その動感意識を言表しなくても、遂行する自我の動感能力は生き生きと機能しているのです。その〈動ける人〉は何度でもその妙技を見せてくれるけれども、当の本人に「どんな動く感じなのか教えてくれ」と頼んでも、本当に言葉にならないのでしょう。〈動ける人〉は言ってやりたくても、その価値知覚の動感意識はすべてスキップしてしまい、記憶に何も残っていないのかしれません。

　こうなると、伝承形式は模倣伝承しかなくなります。こんなに何回も見せているのだから、できないのは承け手の未熟であり不明でしかないことになるのです。それは〈伝え手の責任ではない〉として〈動ける人〉は睥睨の眼差しに変じて、結局のところ伝承発生は成立しません。その限りでは、高速キネマトグラフィーによる精密なメカニズムを呈示したのに、選手がいっこうに動けないと睥睨の眼差しに変じる野次馬的科学者と軌を一にします。競技コーチさえも、こんなに明確な運動メカニズムを解説し、体力向上のメニューまで用意してやっているのに〈なぜできないのか〉と、一気に立場を変えて監視するコーチに変身してしまいます。ところが〈動きたい人〉は、その〈動ける人〉のコツやカンという生きた動感質の意味核を聞きたいのです。とすれば、〈動ける人〉自らの動感世界の様相化分析さえ可能になれば、その人に内在する私秘的なコツやカンはその姿を現すかもしれません。そこにこそ、生ける動感経験の現象学的志向分析の動機づけを見出すことができるのです。

　ここにおいて、動感伝承の方法論は、まだ解決されずに放置されたまま、問題が山積していることに注目する必要があります。もし、動ける人がその動感図式化の発生様態をすべて消し去ってしまったら、そのコツやカンは当人の死とともにこの世から消滅してしまうとマイネルは指摘するのです。ところが、わが国の芸道における技芸の動感世界は、世紀を超えて脈々と受け継がれてきています。ここに、人間社会における運動文化の模倣伝承方法論が動感発生学的な問題として浮かび上がってくるのです。とりわけ、〈クロール〉や〈宙返り〉に内在するキネステーゼ感覚質の発生様相がその自我の関与しない受動世界の深層に沈んだままになっていることに注目するのでなければなりません。動感能力の受動発生現象は、単なる〈意識状態〉や〈心理的事実〉ではないのです。それはまぎれもない一回性の生き生きとした〈現象〉であるとメルロ＝ポンティは指摘します。たとえば、ゲーム情況のなかに鋭く〈カンどころ〉を捉えて、とっさに行動を起こし、流れるようなリズムの中に〈快いコツ〉をつかむという奇妙な動感経験は日常生活でも決して珍しくないのです。

　ところが、カンやコツを身につけた人の中には、最初からその身体的な内在経験の様相変動を一気に跳び越えてしまう人もいるのです。というより、多くの人たちはそこに様相化されて発生する身体経験に気づかないまま通り過ぎてしまうようです。それどころか、受動的な動感能力の存在そのものをまったく無視している人さえ珍しくないほどです。とりわけ、才能に恵まれた競技選手ほどそう思ったらすぐに〈動ける〉から、それは当たり前のことで意識に上らないままなのです。そこにコツやカンが一気に図式化されるという不思議な動感発生現象が潜んでいるのに気づきもしないのです。このような動感様態の〈スキップ現象〉にこそ注目する必要があるのです。そこでは、コツやカンという非科学的な思い込み経験への侮蔑感が働いてしまうのが一般のようです。それは、〈まぐれ〉

で何かが〈できる〉のは、仮象の出来事で、〈本物ではない〉から科学的に分析して納得すべきことだと考えるのです。しかし、目に見えないコツやカンを因果論として科学分析しようとしても、本質必然的に的外れになってしまうのはフッサールの現象学的解明を援用するまでもないでしょう。すでに運動学の講義からよく理解しているはずです。問題はむしろ、本格的な動感反省分析論が未解決のまま放置されているところにあるようです。とくに、選手の速成にのめり込む競技コーチは、このスキップ現象を見落としやすいのを確認しておくことが必要です。とりわけ、動感反省のむずかしい幼いころから早期トレーニングに入った選手たちが直面する技の〈分裂現象〉に苦しむとき、帰るべき動感発生の故郷世界が欠落しているため立ち往生してしまうからです。それは競技コーチの不明だけでなく、幼児体育に関わる先生や動感発生に無関心な小学校の先生にも同じ問題が潜んでいるのを見逃してはなりません。能の創始者世阿弥がその『風姿花伝』に「さのみに〈よき〉〈あしき〉とは教ふべからず」と述べて、幼児期の稽古のむずかしさに言及しているのはこの意味において重みをもってきます。幼児ないし児童の身体教育における動感先反省の現象領野は、その再生化の方法論に直結する動感発生学の中核をなすことに、とくに注目しておく必要があるようです。

6　動きの感じを借問できるか

ところが、偶然にも動感図式化がうまくいき、いわば〈まぐれ〉で動けるようになった人は、その図式がいかに崩れやすいか、そのはかなさをよく知っているのです。しかし、どんな名選手でも不慮の怪我や不調ないし老化のため不意に〈動けない人〉になる可能性は否定できません。さらに学校体育でも運動教材によっては、泳げない金槌先生やダンスの踊れない先生といういわゆる〈動けない教師〉の存在も否定できない昨今です。競技スポーツの指導者でも、動感能力の発生現象をわが身で了解できず、生き生きした動く感じを理解できない未経験の人も珍しくありません。しかも、体力トレーニングによって物質としての身体を改造すれば、どんな動きかたでも即座に組み立て可能だと考える機械論を信奉する科学主義のコーチも決して少なくありません。そのような科学的コーチにとっては、サッカー選手に見られる驚異的な動感予描能力などは、一般には信じられないミラクル世界に属すことになってしまいます。このような動感世界の感覚質発生に無縁な教師やコーチの存在を否定できない現状は、まさに動感発生の分析論を直視して、その感覚質の発生に向き合うことが求められる事情にあります。

このように動感発生現象に無縁な体育教師やコーチばかりでは、結局のところ、動感能力の発生指導は、すべて生徒や選手たちに丸投げするしか方法はなくなるからです。コツを掴もうとする生徒に科学的なメカニズムを呈示し、競技情況をとっさに先読みできるカンを求めて苦しむ選手たちに対して、行動科学の確率論的ノウハウを教えても、まったくの的外れになってしまいます。それらの指導者は学習者の動感発生の現場に一緒に居合わせていても、心なしか常に火事場の野次馬のような立場に立たざるをえなくなるのです。そこでは、生徒や選手たちが動感形態の発生に悩んでいるのに、外部視点から「頑張れ」と励ますしかないのです。いずれにしても、動感発生の合目的性を抽出する方法論は、メルロ＝ポンティの意味の〈科学的思考〉に依存すべきだと考えているから、動感発生に関わる主観身体の内在経験世界を探る現象学的分析論からますます遠のいていくことにな

ります。このように、動感発生の志向分析が欠落している背景に注目するとき、その具体的な道(ホドス)を探ることが喫緊の課題として浮上してくるのは、この意味においてなのです。その道から外れてしまうと、生徒に泳ぎの浮遊感を感得させる指導はスキップしてしまいます。また、逆上がりに悩む子どもには、筋力トレーニングの処方しか思い浮かばないことになるのです。それでは、実践的な〈動きかた〉はだれが教えることになるのでしょうか。いったい、子どもたちのコツやカンは子どもに丸投げしてしたままで、よいのでしょうか。体育教師は自得の美意識を称揚し、学習者の自主性尊重を主題化すれば、あとは生徒たちの努力志向性に期待するしか道はないのでしょうか。動感身体発生という人間教育への本質必然性と人間社会の運動文化伝承を保証する重大な動機づけがこれらの問題の基柢に据えられているのを見過ごすことはできないのです。

たしかに、競技トレーニングや体育の運動学習おいて、その合理的な大局的マネジメントは動感発生に不可欠な基盤を形づくっています。しかし、その行動科学的合理性に支えられた指導方法論は、そのマネジメント科学に関する専門能力が中核をなしています。とすると、〈動きかた〉を教えるという動感感覚質を図式化させる促発方法論は、いったいだれが責任をもって指導するのでしょうか？ 動感能力の発生指導に関わることができない教師やコーチたちは〈動きかたを教える〉という運動文化伝承という重大な役割を放棄することが許されるのでしょうか？ とすれば、体育の授業、競技トレーニングを担当する教師やコーチたちは、自得の美意識とその人間教育的価値を確認させながらのマネジメント的学習展開の専門能力だけを習得すれば、それで十分その役割を果たせることになるのでしょうか？

これまでは、教員養成大学やコーチ養成機関における実技実習は、自らの動感能力による図式化発生それ自体の実習が意味されていました。しかし、いつのまにか、授業マネジメント実習、競技マネジメント実習に傾斜しはじめ、次第に動感発生の深層に内在する身体経験は実技実習の埒外におかれるようになりはじめています。これまでの実技実習は一定の技能に達しなければ、必修単位の認定を見送るのを原則としていました。この考え方の背景には、ある技能を身につければ、動感地平の志向分析ができると信じられていたからに他なりません。しかしそこでは、動感スキップ現象の存在が無視されていることを改めて再確認しておかなければなりません。だからこそ、「名選手は名コーチならず」として、高度の技能者がその動感発生の厳密な意識分析もすべて可能だという考え方に注意を喚起しているのです。すでに述べたように、天才的な名選手は「どうしてこんなやさしい動きができないのか」といぶかることはよく知られています。実技実習の本質可能的な役割は、その技能に潜んでいる本原的に予描できる動感能力を引き出し、その動感素材を指導実践に構成できる専門能力を訓練することにあります。しかし、近年の体育大学の実技実習の軽視ないしは廃止の流れは、この意味において重大な問題を提起していることになります。ここにおいて、すでに述べているように、メルロ=ポンティのいう〈動きに潜んでいる暗号〉、つまり目に見えないコツやカンという含蓄ある潜在態に注目せざるをえなくなるのです。そこには動感システムの本質可能性を保証する意味核が隠されていることを確認しておかなければならないからです。そのためには、動感伝承の必然可能性を最も端的に現す方法として、動感画法に注目せざるをえなくなるのです。しかし、どうして身体運動のスケッチを訓練するのかと

いう問題には、いろいろな先入見がまぎれ込んできますから、そう簡単に理解できることではないようです。それをきわめて端的にいえば、動感画法という専門能力の訓練は、運動を器用にスケッチできる能力を訓練するのではなく、〈動きかた〉のコツやカンをわが身で了解できることがその前提になっているからです。動きのコツやカンを生き生きと写生できるには、その動感意識の具体的な感覚質が捉えられていなければ、どんなに器用なスケッチ能力があっても、動きかたの発生に役立つ動感資料にはなりません。この意味において動感発生分析をする教師やコーチは、常にその動きのコツやカンの感覚質内容に注目しておかなければならなくなります。

7　身体で見るとは何か

　この解説の冒頭において、まずもって「運動学に画法は必要なのか」という設問から本書解題がはじめられています。そこで主題的に取り上げられたのは「動く感じを生き生きとスケッチできるのか」という本質可能性に関する問題に他なりません。ところが、体育教師やコーチという動感発生を促す指導者たちは、発生させようとする動きかたをスケッチできなければ指導できないのかという疑問が生まれてきます。高度に発達した精密科学万能の時代に、とりわけ電子工学の急速な開発に支えられた映像分析は、超高速DVDの画像分析器を利用することができるのです。眼にも止まらぬ素早い動きでも、想像を絶するどんな神業さえも、そのミラクルボディに潜む秘密の種明かしは立ちどころに可能になる21世紀の現代なのです。かつてNHKから放映されたトカゲの一種バシリスクが足だけで水の上を走る画像分析は、毎秒100万のデジタル画像によって、その肉眼では見分けられない素早い動きを鮮明に写し出して、私たちを一驚させました。このことは、どんな素早い動きでも、複雑に絡み合った微妙な動きかたも、すべてこの超高速の画像分析が可能にしてくれたことになります。それによって客観的メカニズムが解明されれば、どんな神業のような驚異的な技でも種明かしできるのだから、後はトレーニング次第でだれにでも〈動ける〉ようになると考えるのに何の疑念も湧かないほどです。その驚異的な科学的画像分析によって得られた精密なデータは、私たちの身体運動を生み出すときに、不可欠な自然法則を示してくれるからです。つまり、科学的に精密な測定によって導き出された自然法則は、身体運動の発生をも保証するというデカルト以来の身体機械論がそれを支えていることになります。その延長上にサイボーグ科学が存在し、微妙な動感形態の実現も不可能ではないと考えるのに何の躊躇もなくなるのが一般です。

　生命ある身体運動も物質ないし物理身体を基盤にしているのだから、地球上における物体としての身体運動は、科学的運動分析の対象になりうるのは言うまでもありません。ところが、その物体としての身体運動の一瞬の画像は、すぐ過去に流れ去って見えなくなってしまいます。しかし、その動きがどんなに高速であっても、デジタル工学による画像分析では、その同じ動きを何度でも反復して観察することもできます。どんなに見にくい複雑な動きでもスロー再現にすれば、落ち着いて観察できます。肉眼では捉えられない一瞬をスチール画像として取り出すこともできるから精密な測定可能です。さらにその高速画像分析法に力量計測法を同調させれば、多くの物理学的なデータが得られるのは、バイオメカニクスの画像分析法としてよく知られています。しかし、そこに捉えられた一瞬の画像は、1秒という物理時間を100万の

静止画像シリーズに変換したものです。そこには、生き生きした生命的時間の流れは、そのデータからは消えてしまい、それは単なる物体の瞬間静止像の連続に置き換えただけです。その瞬間静止映像は、発生を支える動感メロディーの意味内実はすべて消滅し、動感意識に内在する価値づけや快感情の息吹きも、同時にすべてその姿を隠してしまうことになります。となると、高速画像の対象分析そのものからは、動感時間流に潜む価値知覚やリズムの快感情もすべて消え去っているから、コツやカンという価値意識をもつ動く感じの〈身体感覚〉ないし〈動感質〉の発生分析の対象にすることは不可能となります。フッサールのいう価値知覚の〈感覚態地平性〉をそこから抽出するのは、紛う方なき論理矛盾に陥ってしまいます。科学的運動分析と現象学的運動分析とは本質必然的に異質な現象領野に属していることを、ここでしっかりと確認しておくことが必要なのは、この意味においてなのです。われわれのスポーツ運動学は、動きの価値意識を伴った〈動きかた〉の感覚質を分析するのですから、どうしても現象学的志向分析が主題化されるのは言うまでもありません。それらの分析方法論の領域論的差異性を確認できれば、それなりの分析成果が得られるというヴァイツゼッカーの指摘はまさに正鵠を射ていることになります。

こうして、動感意識の価値分析や動感意識を他者身体への移入分析をするには、高速画像分析という精密科学分析から明確に区別せざるをえなくなります。それゆえに、手書きのスケッチ画法が非科学的で客観性のない素朴な方法論だという批判は、いかに的外れであるかが明らかになってきます。その上ではじめて、身体運動の描画技法がなぜ動感促発に主題化されるのかが確認されることになるのです。それにしても、何らかの運動技能を得意とする体育教師や名選手の後光を背負ったコーチたちは、たしかに身体能力に優れた才分をもっているとしても、絵心のない不器用な先生やコーチは決して少なくないはずです。一瞬のうちに消えてしまう動きかたのコツやカンを巧みにスケッチできる指導者はむしろ珍しいことです。そんなスケッチ能力の訓練をするよりも、一連の高速画像の中から、動感価値覚を働かせて必要なものを選び出せはよいのではないかと考えるのが一般的です。しかし、その1秒間に100枚の静止画像をもつ動きかたの中から、どのようにして動感発生を触発する静止画像を選び出せるのかが喫緊の課題として浮かび上がってきます。より高速の一連のスチール画像、たとえば1秒間に1000枚の静止画像から選べば、より妥当な動感価値意識を見つけることができるというのでしょうか。そのときには、視覚を通した〈感覚与件〉から選択するのでなくて、〈身体で見る〉という能力、いわば、わが身にありありと感じ取れるコツやカンの身体経験を通して動きを見るのでなければなりません。そのありありと感じるコツやカンの身体感覚を活性化して見ることしか方法がないことに気づかされます。さらに言を進めれば、どんなコツの〈動きかた〉やどんなカンの〈情況感〉を画像にする努力こそ、決定的な意味発生につながることを確認することが大切になります。つまり、その動きかたでは、どんなコツが働くのか、どんなときのカンを捉えるのか、という確認こそが決定的な重要性をもつことになります。ですから、いつも価値知覚を働かせる動きはどれか、どんな動感メロディーに快感情が生じるのかを、つまり別言すれば、動感写生能力こそが主題化されているのでなければならないのです。そこでは、動きの生きた写生訓練こそ、本質法則として必然可能性をもつことが確認されることになります。

8　コツやカンを描けるのか

　本書の解説を閉じるに当たって、これまで十分な解説をしないまま用いてきた〈動感写生能力〉という表現、つまり生き生きした動感メロディーを写生できる能力を改めて取り上げ、その専門的な能力存在をはっきりと確認しておかなければなりません。それは〈写生〉という表現を、単純にスケッチという西欧語に置き換えても意味はありません。その写生は、語源的にも「単なる即席の下描きでしかない」と理解されてしまうからです。ところが、絵画や短歌の写生論のように、〈写生〉という日本語は、心を揺さぶる感動、動く感じの〈生動性〉を生き生きと写し出す働き、つまりベルクソンの意味する「生命の躍動」をも合わせて表現できる可能性をもっているのです。そうすると、われわれのいう動感写生の意味は、スポーツ運動学のなかで動感身体の生動性を本原的に予描して写生する描画能力として浮上していることになります。わが身で感じとる動感生動性は、本来的に年齢を重ねるとともに次第に疲弊し、その生き生きした生命感が後退していくことになります。それは体育教師と競技コーチを問わず、若い頃の動感写生能力を維持するのには、かなりの努力が求められるのは当然です。現実の遂行自我の動感能力が年齢と共に陰りが出てくると、生徒や選手たちへの動感呈示にも、その迸るような生命躍動は消えてくるからです。その動感生動性を再び生化する方法論の確立こそ、動感促発を任とする教師やコーチから渇望される喫緊の主題と言えることになります。

　その詳細な方法論は専門書に譲らざるをえませんが、それを一気に要約して言えば、動感の伝承発生のための処方素材化領野には、この動感写生能力の具体的訓練法を取り出す源泉が見出されるのです。つまり、観察分析と交信分析を共働させて得られる生徒や選手の動感素材をその個人位相に適合させる代行化分析にもちこむ現象領野には、この貴重な写生能力を訓練する場が〈いつもすでに〉与えられていることを見過ごしてはなりません。いわば、ここに主題化される動感写生能力とは、心情領野の価値知覚に生き生きと流れる動感意識をわが身にありありと捉える〈時間化能力〉ということもできます。それは本原的に捉えられる〈原現在〉をどのように把握するかが決定的な重要性をもつことになります。別言すれば「立ち止まりつつ流れる生き生きした原現在」を動感メロディーのなかにどのように自らの身体で把握できるかどうかが意味核をなしているのです。絶対に過去に流れない原現在を捉えるのでなければ、生ける動感を写生することは不可能であることは喋々するまでもありません。動感という価値意識、つまりコツやカンという現象を写生することは、写実的な映像とは本質的に区別されることを確認しておかなければなりません。いわば、〈似顔絵〉でどのようにその個人の特徴を浮き立たせるかと同様に、学習者の動きかたの中にその特徴的なコツやカンの生きた姿を写し出せるかどうかが写生能力の意味核をなしていることになります。これこそが動感画法ゼミナールの本質可能性を示しているのです。それは必然的な実践可能性であり、モナドコツやモナドカンとして、動感伝承発生の本質法則を形づくることになります。教師やコーチに必須とされるこの動感写生能力は、単に動きを上手にスケッチできるという画才だけではないことを重ねて確認しておく必要があります。

　しかし、このような写生の概念は複雑な先入見が絡み合っていますから、うっかりすると内的時間意識が混乱させられることも少なくありません。たとえば、自ら行う自己運動でも、他

人の身体運動でも、それらの〈今ここ〉の動感形態は一瞬にしてその姿かたちを変えてしまいます。ヘラクレイトスが「同じ川に二度と入れない」と言うとき、それは流れる時間意識の不思議さを気づかせてくれるものです。ビデオカメラさえあれば、目にした瞬間にすぐ消えてしまうコツやカンを反復して確認できると考えてはなりません。それは視覚を通して物理空間に変化する物体としての身体を見ようとしているだけです。流れていく生ける身体に潜む動感意識そのもの、いわばコツやカンを見抜こうとしていないというマイネルの指摘は重みをもちます。〈今ここ〉に流れる原現在を反省分析する身体能力をもっていなければ、何度繰り返して見ても、動感価値意識を決して写生できはしないのです。視覚を通して移動する物体の身体だけを見て、動感メロディーに流れつつある原現在を〈身体感覚〉で見抜くことができなければ、生き生きとした動感流を写生することはまったく不可能なのです。写真のように身体の変移をどんなに巧みにスケッチしても、動感写生能力の習練には生きてきません。この認識に立ってはじめて、巧みに位置移動を写実化する〈スケッチの呪縛〉から解放されることになるのです。

これまで動感描画の深層を垣間見てきて、改めてここに触発化の〈動機づけ〉として、動感写生の意義を強調することができることになります。さらに、動感能力の発生を促す処方化領野における指導者の動感写生能力は、その動感呈示方法論に本質可能的な重大さを示し、さらにそれを支える多くの動感能力の地平構造を知る必要に迫られることになります。しかし、その動感素材をどのように収集できるのか、どのようにそれを学習者にうまく生かせるようにアレンジするかという動感素材化の現象領野が動感呈示方法論の起点をなすのは、いうまでもありません。その上で、森先生の実践的な動感画法のゼミナールに入ることが望まれます。いわば、動感画法のゼミナールは、基本的な動感形態発生論と動感伝承発生論の講義の後に、その実践能力を高めるため貴重な動機づけをなすものだからです。このようにしてはじめて、森先生の動感画法のゼミナールに入ることができるのです。その方法論体系に沿って、新しいスポーツ運動学の動感写生能力を高める努力こそ、生涯現役で動感分析できる体育教師ないしコーチであることが可能となります。この動感画法のゼミナールが動感発生論の実践的方法論として不可欠の位置づけをもっていることが理解していただければ、森先生の名著解題の役割は曲がりなりにも果たされることを期待して、拙い解説を閉じることにします。

エピローグ

森先生の労作『［スポーツ運動学演習］動きの感じを描く』の〈解説〉を閉じるに当たって、それを受けもつに至る経緯を述べておきたいと思います。というのは、何の絵心も画才も持ち合わせていない老生が、運動学演習としての画法専門書を解説する言い訳をしておきたいからです。森直幹先生が天賦の画才に恵まれているのはいうまでもありませんが、単に絵を巧みに描けるというだけでは動く感じを生き生きと写し取る見事な連続図を描くことはできないことです。たしかに、森先生は小学校の頃から鉄棒や跳び箱が得意な少年だったのでしょう。中学に入ると、急に体操競技の選手として頭角を現しはじめ、高校では全日本インターハイで優勝争いをするまでに急成長しました。大学では、ついにインターカレッジ優勝メンバーとして活躍し、とりわけ、つり輪の名演技が印象に残る名選手でありました。

たしかに、アスリートとしての深い身体経験

が動感画法に決定的な影響を与えるのは当然としても、単にそれだけで森先生の動感画法が高められたわけではないと思います。その後、日本体操協会の研究部員として活躍し、世界中の名選手の画像分析のなかでその希有な画才が育まれていったようです。とくに体操日本の男子チームが悲願の初優勝を賭けたローマ五輪（1960）に向けて、若い研究者たちの画像分析作業は決定的な業績を挙げたのです。連日徹夜の分析作業を通して、ソ連選手と日本選手の精密な映像分析がなされ、ローマ五輪優勝への切り札を生み出し、ついに、体操日本がはじめて常勝ソ連チームを破って金メダルを獲得する快挙に大きく貢献したことはよく知られていることです。そこには、まったくのボランティアで働いた若い研究者たちの人生意気に感じた過酷な分析作業のあったことを忘れるわけにはいきません。そこで中心になって精力的に画像分析を推し進めたのが森先生その人でした。

その森先生の描く演技連続図は、ようやく国際体操連盟の認めるところとなり、東京オリンピック（1964）の規定演技連続図を森先生が担当する栄誉を得ることになります。FIG（国際体操連盟）の公式文書に演技連続図が登場したのは森先生をもって嚆矢とする快挙でした。その後、FIG採点規則に森先生の演技連続図が採用され、それから10数年に及ぶ長い間、FIG採点規則の難度表の膨大な数に及ぶ連続図を担当し、精確に描かれたその連続図は世界中の競技コーチや選手たちに親しまれました。その功績はFIG男子採点規則（1979年版）に難度分析者として公認されるまでになったのです。

しかし、体操競技の演技連続図というものは、画才があればだれでも描けるというほど単純なものではないのです。キネグラムと呼ばれる一連の画像は、映画のスチール映像を並べたほうがより正確と考える人が多いものです。それは一連のフィルム映像のほうがより正確な写実だからでしょう。しかし、フィルム映像にはそれを演じる選手が必要です。戦後はじめてのヘルシンキ五輪大会の規定演技はフィンランド選手の演技したフィルムが世界のFIG加盟国に送付されました。ところが、その選手は規定解説文の通りに演じたつもりでも、いろいろな動きかたに微妙な差異が生じ、規定演技違反かどうかで大きな議論になりました。さらに、その映画フィルムは毎秒24コマで撮影されますが、その中のどのコマが決定的な意味をもつかは、価値意識による判断が加わりますから、どうしても混乱してしまいます。このややこしい議論を経て、規定演技解説文はフランス語を基準とするという競技規則が設けられることになったのです。こうして東京オリンピック（1964）のときには、フィルム映像ではなく演技連続図が採択され、森先生の見事な規定演技連続図がはじめて国際舞台に登場することになったわけです。規定演技が体操競技から除外されてすでに長い歳月が流れましたが、〈写真映像〉より〈写生画像〉のほうが決定的な意味をもつという不思議な現象について述べた「なぜ動きを描くのか」の解説が、少しでも森先生の演習に役立てれば、望外の幸いと思っています。

[著　者]

森　直幹（もり　ただもと）

1938 年　東京都生まれ
1961 年東京教育大学体育学部体育学科卒業
工学院大学講師を経て東京女子体育大学教授、2009 年定年退職
現在、東京女子体育大学名誉教授、運動伝承研究会事務長、
　　　日本体操競技器械運動学会監事

[主な著書]

『体操辞典』（共編著）　道和書院
『現代体育・スポーツ体系』（単著分担）　講談社
『運動学講義』（単著分担）　大修館書店
『マイスポーツ 2012』（共著分担）　大修館書店
『カラーワイドスポーツ 2012』（共著分担）　大修館書店
その他　FIG 男子体操競技採点規則難度表連続図担当（1975 ～ 1985）

[解　説] **金子明友**

[スポーツ運動学演習]
動きの感じを描く
ⓒ Mori Tadamoto 2015

初版発行――――2015 年 2 月 1 日

著　者　――――森　直幹（もり　ただもと）
発 行 者 ――――和田義智
発 行 所 ――――株式会社 明和出版
　　　　　〒 174-0064　東京都板橋区中台 3-27-F-709
　　　　　電話・FAX　03-5921-0557
　　　　　振替　00120-3-25221
　　　　　E-Mail : meiwa@zak.att.ne.jp

装　丁　――――持丸和夫
印刷・製本 ――――壮光舎印刷株式会社

ISBN978-4-901933-38-4　　　　　　　　　　Printed in Japan
Ⓡ本書の全部または一部を無断で複写複製（コピー）することは，著作権法上
　での例外を除き禁じられています。

運動感覚の深層

●金子明友 著
A5判・304頁　定価＝本体3,200円＋税

「スポーツ運動学」研究の第一人者である著者の一連の「身体知」に関する著作の中で、特に難解で補足説明が必要とされた部分について、その後の講演会や集中講義で解説してきた内容をまとめたのが本書である。とりわけ動感感覚の原発生地平や本質直観の方法論についてはさらに詳細な論考を加え、次世代へ繋ぐ「最終講義」として記された。

［スポーツ運動学演習］
動きの感じを描く

●森　直幹 著（金子明友 解説）
B5判・184頁　定価＝本体2,200円＋税

新しい動きに挑戦するとき、学習者と指導者が動きの感じを伝え合うことは最も大切なことである。その際、有効な手段として示範、VTR、言葉での説明などの方法があるが、簡潔な画を媒体として示し、確かめ合うことが効果的な方法となる。そのための描画方法とそのポイントを著者の膨大で精緻な例示によって具体的に示す。

わざの伝承

●金子明友 著
A5判・576頁　定価＝本体4,400円＋税

芸道、武道、美術、工芸などに共通する動き方としての「わざ」はどう伝えればよいか？古来より秘伝とされ、自得以外にないとされてきた「わざ」の伝承問題である。その研究域は、発生論、構造論、伝承論であるが、それを支えるのが、現象学的な運動感覚論である。それを基に新しい運動学研究の道を拓く。

スポーツ運動学
―身体知の分析論―

●金子明友 著
A5判・392頁　定価＝本体3,400円＋税

身体運動を対象にした研究は古くから精密科学的な運動学が主流を占めてきた。内在経験を起点とする現象学的な発生論的運動学は、科学的運動学と明確に区別されなければならない。本書は発生論的運動学の門を叩く人に明確な道しるべを示した書。

器械運動の
動感指導と運動学

●三木四郎 著
B5判・176頁　定価＝本体2,200円＋税

跳び箱がとべない、さか上がりができない子どもが増えてきている。そのような子にどのような「動きかた」を習練目標にさせ、どう動感能力を発生させ、充実させるのか。体育授業で最も大切な「できる」ようにするための最新の指導理論と考え方を鮮明な図解を添えてわかりやすく解説した指導者必携の書。

身体知の形成
―運動分析論講義・基礎編―［上］
A5判・392頁　定価＝本体3,800円＋税

―運動分析論講義・方法編―［下］
A5判・304頁　定価＝本体3,000円＋税

●金子明友 著

運動伝承を支える動感身体知の発生問題を分析し、さらに形態問題、方法問題の橋渡しになるよう試みた。語り口調によって記された全30講義の内容は、実際に講義を受けているような臨場感にあふれ、新しい研究の道筋を示す。

身体知の構造
―構造分析論講義―

●金子明友 著
A5判・454頁　定価＝本体4,200円＋税

学習者は動きの素材をどう集め、動きにまとめるか、指導者はどんな道しるべとどんな手段で、いつ処方を開始するのかなど、動感形態の構造分析の基礎理論と入門的方法論を一般論として体系的にまとめた。

新しい体育授業の運動学
―子どもができる喜びを味わう運動学習に向けて―

●三木四郎 著
A5判・226頁　定価＝本体2,000円＋税

チャレンジしても「うまくできない」で悩んでいる子が多い。そのためには子どもの運動感覚意識に働きかける新しい運動理論が必要になる。こうした体育学習の核心的問題に対処する指導理論を現場の先生方が理解できるようわかりやすく解説した。